献给我勤俭一生的母亲——云英
感谢你的永不放弃
让我一次次重新站起

# 希腊文化
# 旅行极简手册

Myths, Art,
and Your Trip

展眉——著

华中科技大学出版社
http://press.hust.edu.cn
中国·武汉

**图书在版编目（CIP）数据**

希腊文化旅行极简手册 / 展眉著. -- 武汉 : 华中科技大学出版社, 2024.8.
ISBN 978-7-5680-9981-3

Ⅰ. K954.59

中国国家版本馆 CIP 数据核字第 2024JY6265 号

希腊文化旅行极简手册 展眉 著
Xila Wenhua Lüxing Jijian Shouce

| | |
|---|---|
| 策划编辑： | 饶　静 |
| 责任编辑： | 康　艳 |
| 封面设计： | 琥珀视觉 |
| 责任校对： | 李　琴 |
| 责任监印： | 朱　玢 |

出版发行：华中科技大学出版社（中国·武汉）　　电话：（027）81321913
　　　　　武汉市东湖新技术开发区华工科技园　　邮编：430223

| | |
|---|---|
| 录　排： | 孙雅丽 |
| 印　刷： | 湖北新华印务有限公司 |
| 开　本： | 880mm×1230mm　1/32 |
| 印　张： | 9.125 |
| 字　数： | 278千字 |
| 版　次： | 2024年8月第1版第1次印刷 |
| 定　价： | 69.00元 |

本书若有印装质量问题，请向出版社营销中心调换
全国免费服务热线：400-6679-118 竭诚为您服务
版权所有　侵权必究

# 序一

还记得 2016 年的圣诞,在一场关于中希文化与旅游的交流活动中,我有幸结识了来自中国知名互联网旅游公司的潘女士。她面带微笑,眼中闪烁着对希腊的热忱。她对中国游客前往希腊旅行的现状与未来有独到见解。我们围绕希腊的文化、历史、艺术、旅行等一一交流,相谈甚欢。

随着时间的推移,我慢慢了解到,这位旅游产品策划总监,曾多次来到希腊,足迹遍布希腊,她甚至去过连我都没去过的利普西岛和萨索斯岛!她不仅热爱希腊的文化、美景,更致力于将其传播给更多的人。她在工作的过程中,发现东西方文化的隔阂让中国游客没法更好地理解希腊深厚的历史与人文,这是一件非常令人遗憾的事。正是这样的经历,让她有了创作这本书的灵感。

我想特别强调这本书的独特之处——它将旅行与文化相结合。作者难能可贵地把希腊的文化底蕴,融入旅行当中;不仅介绍希腊旅行的攻略,更概要地梳理了希腊文化,这种结合,让旅行变得更加丰富、有意义,也让读者在旅途中得到收获和成长。

让我特别惊讶和感慨的是,作者不仅把奥林匹斯 12 主神的故事一一呈现,还把和这些神祇相关的地域,巧妙联系在一起,并配上了大量的图片,增加了阅读的趣味。她甚至还把特别复杂的古希腊哲学和哲学家,以苏格拉底为分界线,进行了清晰的分类和介绍,并辅以图表说明。这对忙碌的旅行者来说,实用又宝贵。

在此,我要向潘女士表示由衷的敬意和感谢。她用自己的坚持和热情,为推广希腊的文化与旅行,做出了巨大的努力和贡献。

我相信,此书会鼓励更多人来到希腊这片古老而美丽的土地,感受希腊独特的魅力和文化底蕴。

最后，我诚挚地将此书推荐给所有热爱希腊旅行和希腊文化的读者朋友。相信一翻开它，你就会有不同的收获和感悟。愿你的希腊之行，成为终生难忘的美好回忆。

乔治·艾克·吉基奥尼斯

路特奇 – 佩拉乔拉 – 圣西奥多罗瓦市市长

（GEORGIOS AIK GKIONIS Mayor of Loutraki - Perachora - Agioi Theodoroi）

# 序二

满城花草斗欣荣，嫩绿天红照眼明。
会有海天通野色，倚马可徒赴欧阳。

幼年时，古希腊神话很吸引人。希腊一直是令人向往的地方，神秘的、浪漫的……

最美人间四月天。2017年4月，我与妻子踏上希腊之旅。在那12天的旅程里，我们流连于希腊著名的景点之间——雅典、路特奇、伯罗奔尼撒半岛、科林斯、埃皮达鲁斯、纳普良、德尔斐、卡拉巴卡、梅黛奥拉、阿拉霍瓦、塞萨洛尼基（又名萨洛尼卡）、哈尔基季基半岛、圣托尼里岛、爱琴海……一路人文历史，一路风景旖旎，一路美满幸福，一路光影同行。

希腊，那是一片古老神奇的土地，历经千年沧桑，创造了灿烂的文化，那孕里育了欧洲文明，深刻影响了人类文明的进程。

希腊，那是一个美丽多彩的国度，蓝天大海，高山峡谷，那里让生活充满了想象，质朴典雅的建筑与灿烂的文化令人神往。那里的海天，将世间蓝色用尽，那里是纯净的唯美天堂。时隔7年之久，至今忆起，我依然浮想联翩。

那趟旅行，之所以玩得尽兴、开心、快乐、幸福，正是得益于当年策划希腊之旅项目的旅游公司高管——展眉（潘永），我们的一位老乡。

再旅游，必同程。

今天，获知她要出新书了，而且是有关希腊文化旅游的书，我由衷地为她高兴，并万分荣幸地向大家推荐潘永女士的这本新书《希腊文化旅行极简手册》。

潘永女士拥有 20 多年的出国旅游经验，尤其对希腊旅游有着深厚的感情和独到的见解。她不仅是知名的旅游公司高管，还是一位热爱希腊文化的游者。这本书，缘起于她对市面上误导读者的希腊旅游攻略的书籍不满，决心为读者提供一本既能了解希腊文化，又有实用指导意义的书籍。

《希腊文化旅游极简手册》是一本融合了古希腊神话、史诗、戏剧、哲学、艺术的智慧旅游指南。全书分为 3 个板块，共 9 辑，精选 400 多张图片，中间穿插介绍了希腊文化相关的必看景点。

此书不仅能为读者提供前往希腊旅游的基础知识，让你在旅行前了解希腊的历史、文化和艺术，还能教你如何用智慧的眼光，去欣赏和理解希腊的雕塑、建筑和绘画艺术。同时，此书还为不同类型的旅行者，提供了设计行程的灵感和省钱攻略，让大家可以根据自己的预算和时间，设计出属于自己的希腊"高定"行程。

我相信，通过阅读《希腊文化旅游极简手册》，读者不仅能对希腊有更深入的了解，还能在旅行中收获更多的价值和体验。这是一本不可多得的旅游指南，也是一本值得珍藏的文化读本。

我将这本书强烈推荐给所有即将前往希腊旅游的朋友，以及所有对希腊文化和历史感兴趣的读者。让我们一起跟随潘永女士的脚步，去探索希腊的美丽和智慧吧！

刘金玉<br>
2024 年 3 月 18 日于安徽合肥

刘金玉

安徽省社会组织总会文化领域社会组织合作委员会主任

安徽省文化和旅游厅原调研员、安徽文史研究馆特约研究员

中国电影家协会会员、安徽省电影电视艺术家协会理事、安徽省电影电视评论学会名誉会长

# 前言

你好，我是展眉，一名在旅游业工作了20多年的"70后"，我有着深深的希腊情结，曾环游希腊8次，被希腊旅游局称为"希腊旅行专家"。

我为何如此热爱希腊，去了还想再去呢？因为那里有我魂牵梦绕的帕特农神庙、环形剧院、圆形体育场和数不清的美丽岛屿，那里诞生了令我心驰神往的古希腊神话！

10年前，我第一次去希腊旅行；2017年，我开始创业，做自媒体和希腊旅游网站。这些年我发现了很多让人遗憾的现象，比如，有人为了实惠和方便，选择拼团游，到了希腊，上车睡觉、下车拍照，旅游体验极差；因为缺少对希腊文化的了解，很多年轻人嫌弃雅典破旧，浪费希腊国家考古博物馆的门票，跑去逛街购物。要知道，去一次希腊对我们来说相当不容易，多数人一辈子只能去一次。当一些游客来到美丽的希腊，却发现希腊有很多看不懂的雕塑、建筑。

更让我皱眉的是，我买遍各类希腊旅行的书籍，却发现没有一本书既简明介绍希腊灿烂的文化，又包括实用的旅行攻略。梦想已久的希腊旅行，却因"去前不知道，去后看不懂"，该多遗憾啊！

于是，从2017年开始，我就萌生了一个念头，写一本既能让人领略希腊文化精髓，又能提供实用旅行攻略的书。我查阅海量资料，又多次前往希腊，历时7年，终于写出了这本融合古希腊神话、史诗、戏剧、哲学、建筑、雕塑、绘画的希腊旅行手册。

全书分为3大板块，共9辑，精选400多张图片。板块一"丰盈心灵篇"，介绍古希腊神话、史诗、戏剧、哲学；板块二"独具慧眼篇"，介绍古希腊雕塑、建筑、绘画艺术；板块三"轻松上手篇"，用旅行产品策划人的视角，介绍希腊旅行省钱攻略和行程安排灵感等。

感谢给了我生命，教会我善良、努力和勤俭的母亲，愿她在天堂能看到这份献给她的礼物；感谢我的爱人，为家庭承担了更多的责任；感谢我的两个哥哥，帮我照顾父亲；感谢我的桂英姐姐，帮我照顾我的孩子们。

感谢功不可没的饶静编辑、秋叶老师、纯子、昕婷、李冬等，你们的信任与鼓励，让本书顺利问世。

愿本书，像一颗投入爱琴海的石子，激起一圈又一圈新知的涟漪，助你了解希腊，到希腊旅游不再走马观花！

# 目录

CONTENTS

## PART 1　丰盈心灵篇

### 第 1 辑　神话与地域 　　　　　　　　　　　　　　　　4

一、不知道古希腊神话，你就无法理解西方 　　　　　　4

二、从"万神之王"宙斯入手，古希腊神话尽由你掌握 　　5

三、天王宙斯猎美记与天后赫拉复仇记 　　　　　　　　9

【必看 01】纪念宙斯的圣地：奥林匹亚宙斯神殿遗迹 　　18

【必看 02】奥林匹亚古城：古希腊留给全人类的文化遗产 　　19

四、雅典娜，欧洲最古老的城池以她命名 　　　　　　　22

【必看 03】雅典：曾经的辉煌城邦，如今的海上丝绸之路重要枢纽 　　27

五、处处留情的爱与美之神 　　　　　　　　　　　　　30

【必看 04】爱与美之神的出生地：塞浦路斯的帕福斯 　　36

六、爱情曲折的太阳神阿波罗 　　　　　　　　　　　　39

【必看 05】德尔斐：古希腊世界的中心 　　　　　　　　45

七、柔情也冷酷的月神 　　　　　　　　　　　　　　　47

【必看 06】阿尔忒弥斯神庙：古代七大奇迹 　　　　　　52

【必看 07】提洛岛：日神、月神的出生地与提洛同盟大本营 　　53

【必看 08】米科诺斯岛：名流出没的风之岛 　　　　　　54

八、赫尔墨斯：神界快递员，小偷、商人的祖师爷　　56

九、狄俄尼索斯：癫狂又痴情的酒神，悲剧和狂欢节的起源　　59

【必看09】纳克索斯岛：酒神之岛，却有个阿波罗神殿　　66

十、真正的海王波塞冬　　68

【必看10】"天涯海角"苏尼翁：希腊最著名的海神庙　　73

十一、冥王哈迪斯　　74

【必看11】埃莱夫西纳：崇拜农业女神和冥后的圣域　　78

十二、英雄传说：全世界文艺的灵感库　　80

## 第2辑　文学与戏剧　　92

一、《荷马史诗》：西方文学第一经典　　92

二、《伊利亚特》：阿喀琉斯的愤怒与特洛伊之战　　93

【必看12】世界文化遗产：特洛伊古城遗址　　98

【必看13】希俄斯岛：荷马的故乡　　100

三、《奥德赛》：奥德修斯的返乡与永恒的"回家"　　102

【必看14】伊萨卡岛：奥德修斯心心念念的故乡　　111

四、古希腊抒情诗人：萨福和品达　　113

【必看15】莱斯沃斯岛：萨福的故乡　　117

五、古希腊悲剧为何能净化心灵？　　122

【必看16】古今艺术中心：卫城脚下的两个著名古剧场　　133

## 第3辑　哲学与智慧　　136

一、前苏格拉底时代哲学家　　136

【必看17】米利都：古希腊哲学的发源地　　139

【必看18】萨摩斯岛：毕达哥拉斯的故乡　　141

【必看19】以弗所：赫拉克利特的故乡　　145

二、闪耀至今的古希腊三哲　　148

【必看20】阿哥拉（古市集）：古代雅典的中心　　150

【必看21】柏拉图学园遗址与新古典主义三部曲　　156

【必看22】柏拉图的"亚特兰蒂斯"圣托里尼　　159

【必看23】吕克昂学园遗址与亚里士多德大学　　164

三、走向实践哲学的后苏格拉底时代哲学家　　166

# PART 2　独具慧眼篇

## 第4辑　古希腊建筑　　174

一、宫殿、陵墓与堡垒墙：王权时期的建筑代表　　175

【必看24】希腊第一大岛："海上花园"克里特岛　　178

【必看25】迈锡尼和梯林斯考古遗址　　182

二、神庙、剧场与体育场：民主时期建筑代表　　184

【必看26】希腊的国家象征雅典卫城　　186

【必看27】新卫城博物馆：曾入围"世界十佳博物馆"　　191

【必看28】医神圣域和万人古剧场　　193

三、风格多样的城市建筑群：希腊化时期建筑代表　　195

【必看29】塞萨洛尼基：亚历山大的故乡　　197

## 第5辑　古希腊雕塑　　201

一、古希腊雕塑的特点、用途与材料　　201

二、古风时期：吸收借鉴古埃及艺术　　203

三、古典时期：雕塑艺术的顶峰　　205

四、希腊化时期：东西方文化的融合　　208

【必看30】希腊国家考古博物馆　　212

## 第6辑　古希腊绘画　　217

一、消逝的推想：残存的壁画、镶嵌画、肖像画　　217

【必看 31】韦尔吉纳遗址：皇陵宝藏　　224

二、古希腊瓶画：一幅波澜壮阔的史诗连环画　　226

# PART 3　轻松上手篇

## 第 7 辑　做自己"一生必游地"之旅的总设计师　　234

一、旅游攻略看到吐，到底怎么安排行程才不后悔？　　234

二、不想到处人满为患？季节选对，体验翻倍　　243

三、先办签证，还是先订机票、酒店？这些坑，你别踩！　　245

四、拆解食、宿、行、游、购、娱，教你省下一张机票钱　　249

## 第 8 辑　这些旅游灵感，抢先知道　　258

一、蜜月游　　258

二、退休游　　262

三、亲子家庭游　　265

四、单身游　　268

## 第 9 辑　实用小贴士和禁忌事项　　271

一、免费 App，帮你提前集合精彩　　271

二、怎么准备衣服和姿势，才能拍出超凡脱俗的你？　　272

三、一份出游打包备忘清单，避免丢三落四　　274

四、写在最后：安全，永远排第一　　277

**附录**　　280

# PART 1

# 丰盈心灵篇

# 第1辑
# 神话与地域

## 一、不知道古希腊神话,你就无法理解西方

### (一)古希腊神话为何如此重要?

米洛岛的阿芙洛狄忒(维纳斯)

你一定逛过博物馆的西方画展吧?是否会和以前的我一样,在名画前驻足、凝视、拍照,但其实根本没看明白?

你是否曾在各地看到过各种或长着翅膀或裸体的雕塑,但并不知道这些雕塑,竟都还有故事?

你知道吗?法国巴黎的卢浮宫(世界顶级艺术殿堂之一)有三件"镇馆之宝",其中两件都来自2000年前的古希腊,并且都和神话相关;从欧洲到美洲,再到大洋洲,到处都是以古希腊神话为主题的建筑。

马克思曾赞扬:古希腊神话,是希腊艺术的武库、土壤、前提、素材、母胎,就其艺术方面来说,至今还是"一种规范和高不可及的范本"。

还有学者认为古希腊神话和《圣经》是西方文明的两大基石。

## （二）神太乱！我该怎么办？

想象一下——当你站在蔚蓝色的爱琴海边，面对令人震撼的千年古迹时，一脸茫然，怎么都无法产生"穿越千年的美感"。

一次旅行，就是一段人生，如果不了解这些人文故事，岂不是对一次人生美好体验的浪费？你瞪大眼问："古希腊神话里的神那么多、那么乱，怎么记得住啊？"

别急！咱们只要抓住宙斯（Zeus）这个男主角，以他为中心，就能掌握古希腊神话的大框架了！

## 二、从"万神之王"宙斯入手，古希腊神话尽由你掌握

### （一）众神的起源

宙斯：最强大的万神之王。

宙斯作为最后一代神王，推翻了他的老爸——第二代神王克洛诺斯（Kronos）；克洛诺斯又阉割了宙斯的爷爷——第一代神王乌拉诺斯（Uranos）……

在古希腊神话中，世界最初是混沌一片的，在混沌神卡俄斯（Chaos，在英语中还有混沌、混乱的意思）内部，一口气诞生了5位大神，他们是古希腊神话中最早的一代神祇，也是真正的五大创世神——

老大是宙斯的奶奶盖亚（Gaia），盖亚是大地之母，她有宽广的胸膛，是诸神的根基。

老二是深渊之神塔尔塔洛斯（Tartarus），他是无尽的深渊，在古

混沌神卡俄斯

大地之母盖亚

希腊文化中,是比冥府还可怕的"地狱"的代名词,他和盖亚结合,生了一个巨怪提丰(Typhon)。

老三是原始爱神厄洛斯(Eros),他能让一切神、人都销魂失智。他代表生育、繁殖,象征着人类最原始的本能。他和小爱神厄洛斯同名(罗马名为丘比特),后来的神话提到更多的是人们熟悉的爱与美之神的儿子小爱神了。

老四是幽暗之神厄瑞玻斯(Erebus),他是一片如雾般的黑暗,处在大地和深渊之间——古希腊人认为,生活在大地上的人死后,亡魂要穿过幽暗,才能到达冥府。

老五是黑夜女神尼克斯(Nyx),她是黑夜的化身,穿着黑衣,并和幽暗之神结合,生下了他们的对立物——天光之神埃特尔(Aether)和白昼之神赫墨拉(Hemera)。

有了大地、深渊、幽暗、黑夜、繁殖,世界已能运转,但也太单调了,于是大地之母盖亚,生下了天神乌拉诺斯(宙斯的爷爷)、海神彭透斯(Pontus)、山神乌瑞亚(Ourea)。

之后,她与天结合,又生下了三个百手巨人、三个独眼巨人,以及包括第二代天神克洛诺斯和天后瑞亚(Rhea)在内的12个泰坦神(Titan)。

咦?让你想起了著名的"泰坦尼克号"(Titanic)?没错!泰坦,在英文里,就有巨大、强大的象征意义,但却不是个好名字,因为绝大多数泰坦神,后来被打入了深渊……

## (二)乌拉诺斯和爱与美之神的诞生

第一代天神乌拉诺斯,讨厌孩子,总是残暴地把孩子们又塞回大地之母盖亚体内,导致她异常痛苦,盖亚求助于最小的儿子克洛诺斯。

克洛诺斯琢磨出了个点子，能永绝后患地解决乌拉诺斯纠缠母亲的问题——趁其不备，阉割了老爸乌拉诺斯！

克洛诺斯阉割乌拉诺斯

而被割下来的生殖器，在被抛入海水后，漂到塞浦路斯岛的帕福斯时，血色泡沫中，诞生了爱与美之神阿芙洛狄忒（Aphrodite）——神界第一美神，竟然是这样诞生的，让人不得不叹服古希腊人的想象力……

维纳斯（阿芙洛狄忒）的诞生

## （三）克洛诺斯与宙斯的"神界大战"

在宙斯出生之前，克洛诺斯已经连续吃掉了自己的 5 个孩子——因为他被乌拉诺斯诅咒他会被自己的孩子杀掉！

但宙斯运气不错，他是老六，母亲瑞亚再也受不了自己的孩子被丈夫生吞了！就在襁褓里裹了石头，交给克洛诺斯。

而宙斯则藏在克里特岛，喝山羊奶长大了（另有一说宙斯是喝山羊角上的仙蜜长大的）。

宙斯长大以后，与母亲瑞亚、第一任妻子墨提斯（Metis）合作，给克洛诺斯下了催吐剂，让他吐出了 5 个哥哥姐姐。擅长谋略的宙斯，又联合这 5 个哥哥姐姐，打了十年的仗，终于战胜了残暴的父亲和其他的泰坦神。

从此，宙斯统一了天庭，天庭由 12 位主神构成，除了和他一起打江山的哥哥姐姐，剩下的全是他的优秀儿女！

农神吞噬其子

石头襁褓

喝羊奶长大的宙斯

### 【有趣小知识】

西方的天文学家很有想象力，把太阳系的几大行星全部用奥林匹斯神界的名字来命名——

宙斯的爷爷乌拉诺斯是第一代天神，所以以他的名字命名天王星；

土星以宙斯的老爸克洛诺斯的罗马名萨图恩（Saturn）命名；

宙斯是万神之王，所以以他的罗马名朱庇特（Jupiter）为太阳系最大的一颗行星木星命名；

而宙斯的子女、情人众多，所以木星的卫星全都用他们的名字命名。

泰坦巨人的陨落

## 三、天王宙斯猎美记与天后赫拉复仇记

宙斯的第一大特点,就是好色!

他——

变为布谷鸟,把第七任老婆赫拉追到手;

变为天鹅,与斯巴达王后交欢,生下了天下第一大美女海伦(Helen)——引发十年特洛伊战争的"红颜祸水"。

他——

他变为大雾,迷惑了伊娥公主;

变为黄金雨,侵犯了达娜厄公主。

宙斯与天后赫拉

他——

变成底比斯国王和人家老婆交欢,生下了天下第一大英雄赫拉克勒斯(Heracles);

变成自己的女儿、月亮女神阿尔忒弥斯(Artemis)的样子,玷污女儿的侍女卡利斯托(Callisto)……

宙斯永不止息的猎艳，也紧紧伴随着天后赫拉的痛苦、嫉妒和复仇。

下面让我们来看看，宙斯著名的几起"猎美"事件。

### （一）天王宙斯猎美记

#### 劫掠欧罗巴

希腊 2 欧元硬币的背面，有个美女坐在牛身上，描述的正是宙斯变成公牛抢走欧罗巴（Europa，欧洲名字的来源）公主。

话说有一天，腓尼基国王的女儿、清新可人的欧罗巴，正在海岸边的草地上嬉戏，不幸被宙斯发现！为骗过老婆赫拉，他先变成了一头神奇的大白牛，还让儿子赫尔墨斯（Hermes）帮忙，把海岸边的牛群赶到一边，好让他下手。

宙斯变成的公牛，用水汪汪的大眼睛温柔地望着公主。好奇的欧罗巴，抚摸着光滑的牛背，爱怜地坐了上去。宙斯暗暗高兴，立刻就驮着欧罗巴向着大海飞奔！岸上的随从们，发觉公主有危险，都手忙脚乱地呼喊，可怎么也追不上！

公主被突如其来的变故吓坏了，只能紧紧抓住牛角……很快，公牛驮着她来到一块陌生的大陆，公牛放下了公主，现出了自己万神之王的原形！

劫走伽尼墨德

公牛驮着公主

后来，宙斯和欧罗巴生下了拉达曼提斯、米诺斯（Minos）等三个优秀的儿子。宙斯为了安慰欧罗巴，纪念他们之间的"爱情"，还用欧罗巴的名字命名了"神牛"上岸的这块大陆，也就是现在的欧洲。

另外，你是金牛座吗？那你可要记得这个故事哦！宙斯对自己变成公牛的样子很得意，就把他化身的公牛形象升为天上的金牛座（Taurus）。夜空中，金牛座只能看见上半身——因为公牛曾驮着公主在海中飞奔。

劫掠欧罗巴

## 侵犯达娜厄

美丽的达娜厄是阿尔戈斯（Argos）的公主，但却被父亲囚禁在一座铜塔中，仅留小窗透气，只因为她的父亲听到神谕说：你会被自己的外孙杀死。

但他千算万算也没能算到，天上还有个无所不能的宙斯！自从看上达娜厄，宙斯就夜夜幻化成黄金雨，顺利侵入姑娘的囚牢，与她交欢……

不久后，达娜厄生下了珀尔修斯（Perseus，古希腊著名的大英雄之一）。恼怒的国王，残忍地把达娜厄母子俩关进箱子、沉入海中……

好在有宙斯暗中保护，母子俩安然漂流到塞里福斯岛时，被一位好心的渔夫救起，此人是当地国王的哥哥，他与

达娜厄与黄金雨

勒达与天鹅

达娜厄结婚，一起养育珀尔修斯。

可国王却一直对嫂子达娜厄图谋不轨。珀尔修斯长大后，国王派他去杀蛇发女妖美杜莎，好借机赶走这个绊脚石，再强迫达娜厄嫁给自己。

那宙斯之子珀尔修斯怎样了呢？请看后文英雄传说部分。

### 纠缠勒达

宙斯为了追求勒达变身为天鹅，却直接为特洛伊战争埋下了种子！此话怎讲呢？

话说，宙斯看上了美丽温柔的斯巴达王后勒达，直接化身成人见人爱的天鹅，扑棱着大翅膀，生生就扑到人家的身上！

勒达不久就生下了两个大天鹅蛋，孵化出 2 对龙凤双胞胎，其中一个孩子就是日后引发了特洛伊战争的海伦！

## （二）天后赫拉复仇记

赫拉高大丰满、眼大如牛、头戴王冠，是女性、婚姻、生育的保护神，坚决捍卫一夫一妻制。她身边永远有个"百眼孔雀"，这孔雀眼睛的来历，正是我们要讲的故事。

宙斯与赫拉

其实作为姐姐，赫拉根本不想嫁给风流的弟弟。但宙斯变成一只被淋湿的、可怜的布谷鸟，让赫拉动了恻隐之心……

两人举行了盛大的婚礼，新婚蜜月长达三百年，不过自那以后，两人的感情开始恶化——宙斯不是在外遇，就是在找外遇的路上，赫拉不得不一直监视着他！

## 小母牛的故事

话说年轻美貌的伊娥，曾是赫拉位于阿尔戈斯的神庙的女祭司。宙斯看中了伊娥，为了不被善妒的老婆发现，干脆化身成谁也逃不掉的大雾，包围了伊娥……

而这时，圣山上的赫拉找不到宙斯，却见艳阳之下，有一个地方乌烟瘴气，想必又是宙斯在作怪！天后立刻拨开云雾……

慌乱之中，宙斯赶紧把伊娥变成了一头雪白的小母牛，却被赫拉一眼看穿！聪明的天后要求宙斯将小母牛送给自己。

宙斯心如刀割，又不能拒绝，只好将小母牛交给赫拉。

之后，赫拉派出百眼怪，日夜看守小母牛。这百眼怪，睡觉时只闭上两只眼睛，宙斯根本无法靠近，于是只能又派出赫尔墨斯去救伊娥。

古灵精怪的赫尔墨斯，吹起牧笛，让百眼怪在美妙的音乐中睡觉，终于闭上了全部的眼睛。

赫尔墨斯立刻用钻石刀，砍下了百眼怪的头，献给赫拉！天后气愤且无奈，就把百眼怪这个忠诚卫士的眼睛，移植到了自己的圣鸟孔雀身上，以兹纪念。

但赫拉并未罢休。她又派去了一只不懂音乐的牛虻，疯狂叮咬小母牛，伊娥难受得发疯，四处奔逃——

她越过一片海洋，那地方从此就叫爱奥尼亚海。

她跨过一道海峡，那里就成了著名的博斯普鲁斯海峡，意思是"母牛涉水而过的地方"。

她甚至还遇见了被缚在高加索山上的普罗米修斯，并得到这位先知的启示："你会继续受苦，但终将解脱。"直到最后，宙斯苦求赫拉，并保证再也不敢了，伊娥才恢复人形，流浪到了埃及。她和宙斯所生的儿子厄帕福斯（Epaphus）在埃及很受崇拜，她也被埃及人尊为女神伊西斯（Isis）。

赫尔墨斯准备砍下百眼怪的头

赫拉把百眼怪的眼睛安在孔雀身上

### 银河的起源

宙斯看上了安菲特律翁（Amphitryon）国王的妻子阿尔克墨涅（Alcmene）。其实无论宙斯看中谁，对人家都是一场灾难，因为没有几个能逃出赫拉的法眼，还不被迫害的。宙斯仗着自己是万神之王，就兴冲冲地去求爱，但阿尔克墨涅誓死不从！

宙斯这次使出自己的撒手锏——直接变成阿尔克墨涅丈夫的样子……

但是纸包不住火，国王回来的时候，事情就暴露了，因为阿尔克墨涅是在国王外出时怀孕的，而当她即将临盆时，赫拉的迫害开始了——

银河的起源

她先是让情敌的分娩过程异常痛苦，在阿尔克墨涅生下孩子后，又让她天天受到惊吓，无法产奶喂养孩子。宙斯只能出手救场了！

他趁赫拉睡着时，偷偷把孩子塞到她怀里，让他喝赫拉的"永生之奶"。这个小宝宝正是古希腊神话中有名的大英雄赫拉克勒斯！

别看这个小宝宝是凡人所生，但他可是宙斯的后代！天后被小家伙吸奶时的动作弄痛惊醒，一把推开了他！由于用力过猛，乳汁喷向天空，就绘出

轻松捏死蛇的小赫拉克勒斯

宙斯和卡利斯托

了银河！（英语中的银河 galaxy 正是源于希腊语乳汁 gala）。

在喝了赫拉的"永生之奶"之后，赫拉克勒斯就变成了不死之身，他的名字也正是"赫拉荣耀"的意思。善妒的赫拉对这个孩子，实施了一系列残酷的报复，而他反倒在仇恨中茁壮成长——

赫拉放了两条毒蛇在小宝宝的摇篮里，但被怪力无双的小赫拉克勒斯，一手一条轻松捏死！

他长大后，又被天后用计夺走了王位不说，还在变疯后，亲手杀了自己的妻儿……

### 月神侍女

卡利斯托本是阿卡迪亚的公主，却发誓终身不嫁，天天陪着月亮女神阿尔忒弥斯在山林中打猎。

宙斯一见她，就立刻起了色心，但却苦于赫拉的严密监视不好下手。直到有一天，卡利斯托狩猎回来，在一片树荫下休息，宙斯竟然变成自己女儿的样子，来到熟睡的少女身边……

可怜的卡利斯托，不久后被月亮女神发现已怀孕，竟被月亮女神无情地驱逐……孤单的女孩，抹着眼泪，离开了伙伴们。没多久，她便生下了像小熊一样健壮的儿子,取名阿尔卡斯(Arcas,希腊语"小熊"的意思)。

可这一切怎能瞒得过天后赫拉呢?她恨得咬牙切齿,直接把无辜的卡利斯托变成了一头大黑熊!阿尔卡斯被好心的猎人收养了,直到长成高大英俊的青年,他也依然不知道他的母亲是谁,更不知道母亲的悲惨命运。

月神驱逐怀孕的卡利斯托

这天,他外出打猎时,一头大黑熊出现在他眼前,这正是他的母亲卡利斯托!见到久别的儿子,卡利斯托的心在颤抖、眼在流泪,只想上前拥抱自己的孩子。但阿尔卡斯看到的却是一头大黑熊,正在扑向自己,他一边惊恐地倒退,一边用长矛奋力刺向黑熊……

宙斯在天上看到儿子杀死母亲,实在不忍,就把他们母子二人都升上了天,变成了相邻的两个星座,就是现在的大熊和小熊星座。

赫拉看到卡利斯托母子居然变成高高在上的耀眼星座,心像被猫抓一样难受!她找到海洋之神,让他惩罚这两头熊,永不准他们落入海洋休息!所以,直到今天,这两个星座都高悬于夜空中,从未落入海平面以下。

接下来,我们再来看看和宙斯相关的遗迹。全希腊对宙斯崇拜的圣域非常多,比较有名的两个是位于雅典的奥林匹亚宙斯神殿和奥运会的发源地奥林匹亚古城。

## 【必看01】纪念宙斯的圣地:奥林匹亚宙斯神殿遗迹

先纠正一个误区,奥林匹亚宙斯神殿遗迹和奥运会的发源地奥林匹亚古城,并不是同一个地方,前者在雅典市中心,后者位于伯罗奔尼撒半岛西部。

我们先来看看奥林匹亚宙斯神殿。

在雅典的市中心,你绝对不能错过的建筑奇迹,就是醒目又壮观的奥林匹亚宙斯神殿遗址。

它曾是雅典最大的神庙,前后共计花了600多年的时间才建成。神殿最早动工于公元前515年,但因政治动荡一直未能完工,直到公元131年,古罗马的"五贤帝"之一哈德良皇帝才将其建成。

哈德良皇帝在神殿内供奉了一尊巨大的宙斯雕像,还毫不谦虚地把他自己的雕像安放在了旁边。

雅典市中心的宙斯神殿

神殿原来由104根,高约17米(约8层楼高)、柱基直径约1.7米的科林斯式柱构成。现在只余下15根了,其中一根,还在1852年被一场大风刮倒在地。游客可凭卫城古迹联票入内参观,神殿旁边就是著名的哈德良皇帝拱门。

## 【必看02】奥林匹亚古城：古希腊留给全人类的文化遗产

俯瞰奥林匹亚古城遗址

从雅典一路向西，在伯罗奔尼撒半岛西部的一个山脚下，坐落着奥林匹亚古城遗址。这里曾是古希腊世界崇拜宙斯的中心圣域，这里举办了延续千年的奥运会，被亚历山大大帝称为"希腊世界的首都"。

早在公元前776年，这里就举办了第一届古代的"奥林匹亚竞技运动会"（简称古代奥运会）。该竞技会是为了向万神之王宙斯祈祷和祭祀，同时被寄予了强健体魄、和平休战的美好祝愿。

品达在《奥林匹亚竞技颂》中写道："你无法发现，比奥林匹克更伟大的竞赛……当他们走过来时，请他们高颂宙斯之名，走入辉煌的殿堂。"

在长达1170年的时间长河中，古代奥运会一直都是每4年举办一次。直到公元394年，被信奉基督教的古罗马皇帝狄奥多西一世当成异教活动禁止了。古代奥运会一共举办了293届。

现在的整个奥林匹亚古

奥林匹亚古城圆形神殿遗址

宙斯复原雕像

《赫尔墨斯和小酒神》

城,包含遗址和博物馆两大部分。别看现在只是断壁残垣,但其规模和现代奥林匹克村差不多。遗迹被高大的树木遮蔽,漫步其中,是一种难得的宁静、深刻的体验。

奥林匹亚古城遗址由宙斯神庙、赫拉神庙(直到现在,奥运圣火仍在赫拉神庙遗址前取火、传递)、马其顿国王菲利普建立的圆形神殿、体育场、赛马场、菲迪亚斯工作坊等组成。

遗址的中心是建于公元前5世纪的宙斯神庙。原来这里曾有一座被称为"古代世界七大奇迹"的巨型宙斯神像(当时世界上最大的室内雕像)。由著名的雕塑家菲迪亚斯创作。雕像用了大量的黄金和象牙,高达13.5米(约6层楼高),后被古罗马皇帝拆除,运到了君士坦丁堡的皇宫里,最终雕塑毁于大火。如今在俄罗斯圣彼得堡的艾尔米塔什博物馆,还有一座充满想象力的复制品,可以窥见这个奇迹的雄伟。

另外,奥林匹亚考古博物馆也是不可错过的好去处。9个展厅中展出了从史前时代到早期基督教时代,在奥林匹亚一带出土的文物。

在这些无价之宝中,精美的雕塑是不可错过的,包括出土于赫拉神庙的神使赫尔墨斯抱着小酒神的雕塑、宙斯神庙三角楣饰浮雕等。

## 【有趣小知识】

### ★古代奥运会与现代奥运会

直到现在,奥林匹克运动会仍是世界上最大型的国际活动。但我们所熟悉的现代奥运会(习称夏季奥运会),仅有100多年的历史,与古代奥运会(仅有赛跑、拳击、摔跤、角斗、掷铁饼、赛马等)并不完全相同。

法国人顾拜旦呼吁复兴奥林匹克运动后,于1896年在希腊雅典举行了第一届现代奥运会。现代奥运会也是每4年一届,如因故不能举行,届数照算。因两次世界大战,现代奥运会曾中断过三届(1916、1940、1944年),另外2020年夏季奥运会延期到2021年举办。冬季运动项目的比赛,从1924年开始举办,称"冬季奥运会"。

### ★古代奥运会的意义

其一,统一了古希腊的历史纪元。

从公元前776年起,古希腊历史正式有了文字的记载。从此创造了通行于整个古希腊世界的纪年方法,每4年为一个"奥运周期"。

其二,带来了短暂的和平。

在古希腊,城邦间为争夺资源,不断爆发战争,人民不堪其苦。而古代奥运会,以宙斯的名义休战,因为宙斯是诸神之战的调停人,它的举办给当时的人民带来了短暂的和平。

### ★裸体比赛的缘由

据说,公元前720年的奥运会跑步冠军,在奔跑时缠腰带掉了,却拿到了冠军。于是,大家纷纷效仿他,都开始全裸比赛!而古希腊人也认为健美的身体是向神敬献的礼物,是值得骄傲、显露的。

### ★点圣火的来历

现代奥运会仍有点圣火的仪式,这正是为了纪念伟大的盗火者普罗米修斯,他给人类带来了光明、温暖。

斗拉庇泰人和半人马之间的打斗(奥林匹亚考古博物馆)

## 四、雅典娜，欧洲最古老的城池以她命名

宙斯的脑袋里蹦出了一个孩子……

这孩子，正是我们都熟悉的、声名赫赫的雅典娜（Athena）！

### （一）雅典娜的出生

故事还要从宙斯的第一任妻子——智慧女神墨提斯说起。因为神谕说她会生下比宙斯更强大的儿子，于是宙斯无情地把怀孕的妻子整个吞了下去！哪怕墨提斯曾经帮他制作催吐药，打倒了克洛诺斯。

密涅瓦（雅典娜的罗马名）的诞生

但墨提斯只是被困在了宙斯体内，帮他增加了智慧不说，而且也没闲着，直接叮叮当当地为孩子打造了一身戎装！搞得宙斯头疼欲裂，只能找来"打铁匠"儿子火神赫淮斯托斯（Hephaestus）劈开自己的头。只听得一声大喊，全身铠甲的雅典娜，踩着宙斯的头出生了！

## （二）雅典娜的争夺故事

作为神界的长公主，掌管智慧与正义的雅典娜平日总是头戴战盔、手持长矛、身披铠甲，又美又飒的形象。有时她右手还托着胜利女神尼可（Nike 罗马名 Victory，人们用剪刀手比 V 代表胜利就来源于此）。

虽然是智勇双全的女战神，她也和普通女性一样爱美和要强，遇上对手，也是一定要争个高下的。

### 雅典娜和波塞冬，争当雅典守护神

雅典娜最著名的故事，莫过于和她的伯父海神波塞冬争当雅典的守护神了。

话说雅典刚建城时，海神波塞冬就看上了这块宝地——成为这里的保护神，就能收到丰盛的祭品了。但雅典娜当仁不让！直接和伯父在神界竞选，投票只打了个平手，宙斯就让他们再到人间比试，让雅典人民投票、雅典的国王当裁判。

既然要当雅典的保护神，那就得送雅典人一些拿得出手的礼物。只见波塞冬拿出三叉戟敲打地面，变出一匹战马、一眼咸水泉。而雅典娜却很务实，拿出了一枝橄榄，放在地上就长成了橄榄树，在橄榄树下能乘凉，橄榄树又能当燃料，果子还能榨油（且可美容），简直浑身是宝！橄榄树代表了富裕、和平。

雅典人民的眼睛是雪亮的——波塞冬给的东西，有什么用呢？只能代表战争与悲伤！大家用黑白石子投票，雅典娜全票胜出！谁不爱和平又实惠的雅典娜？

从此，橄榄树成了雅典娜的圣树——直到今天，雅典卫城中的神庙前，还有一棵生命力旺盛的橄榄树，传说它就是雅典娜与波塞冬比试时种下的那棵。而且，直到今天，橄榄树仍给希腊的农业带来 80% 的收入。

雅典娜和波塞冬比赛，争当雅典保护神

## 一个金苹果引发的十年特洛伊之战

但女神并非次次比赛都能赢，这次她参与了一场"神界选美大赛"——和天后、爱与美之神，一起角逐"最美女神"的金苹果，但却引发了一场十年的特洛伊之战！

有人疑惑，明明雅典娜是一个富有智慧的女神，怎会还有如此爱美的虚荣心？其实看看历年的全球小姐选美大赛就明白了，选手中从来都不缺高学历的"学霸"。

故事要从一场婚宴说起。

海洋女神忒提斯（Thetis），也曾被宙斯看上，但因为先知普罗米修斯说她会生下强大的儿子，宙斯才忍痛割爱把她下嫁给了凡人英雄珀琉斯（Peleus），而这对新人正是日后决定特洛伊战争胜负的大英雄阿喀琉斯（Achilles，也译为阿基里斯）的父母。

他们的婚宴却漏请了不和女神厄里斯（Eris）——谁家结婚愿意"不和"降临？结果她怒而发威，在婚宴上扔下一个金苹果，上面写着"给最美的女神"。

金苹果事件（注意看众神伸向金苹果的手）

于是，这个金苹果触发了一场轰动天上人间的"神界选美大赛"——天后、阿芙洛狄忒、雅典娜，都觉得自己最有资格得到这个金苹果，大家就一起看向宙斯。可宙斯多精啊！这选了一个，不就必定会得罪剩下两个吗！于是宙斯将问题甩给了那时还在放羊的特洛伊小王子帕里斯（Paris）。

帕里斯的评判

三个女神立刻飞向凡间参赛！并且分别都对小王子，作了"贿选"——

天后赫拉说：你选我，我就给你"权力"，让你成为最富有的国王！

女战神雅典娜说：你选我，我就给你"荣誉"，让你变成天下最智慧的英雄！

而作为爱与美之神，阿芙洛狄忒对付血气方刚的小伙子还是很有一手的，她妩媚地凝视着少年，娇声对他说：

"帕里斯，你要明白，那两位女神要给你的，可都包含着危险，而我给你的，却只有幸福和快乐。只要你把金苹果给我，我就帮你得到全天下最美丽的女子（这个女子，就是宙斯与斯巴达王后所生的天下第一美女海伦）！"

海伦在特洛伊

结果这个不爱江山爱美人的少年，把金苹果给了阿芙洛狄忒。而落选的赫拉、雅典娜岂能咽下这口气？后来为报落选之仇，她们卖力地帮希腊人攻打特洛伊城——这就是"一个金苹果引发的战争"，也是《荷马史诗》描写的特洛伊之战的缘由。

## 【必看03】雅典：曾经的辉煌城邦，如今的海上丝绸之路重要枢纽

以雅典娜女神命名的雅典三面环山，一面傍海。它曾是强大的城邦，如今是希腊共和国的首都、欧洲第8大城市，也是巴尔干半岛最南端的都城。它和西安一样，都是世界四大文明古都之一，并且是海上丝绸之路的重要城市。

黑格尔说：一想到希腊，就有一种家园之感。

就是因为，直到现在以雅典为代表的古希腊文明，仍是公认的整个西方文明的源头——它是民主、哲学、科学、奥运会、马拉松的发源地，是苏格拉底、柏拉图、亚里士多德等一大批伟人徘徊之地……

雅典守护神：雅典娜

它是神话中诸神的故乡，如今的断壁残垣也难掩它的神圣、高贵。

为雅典娜女神而建的帕特农神庙，被视为希腊国家的文化象征；在雅典多达20个的博物馆中，保留了大量历史遗迹、稀世珍宝；同时，作为现代奥运会发源地，雅典还曾在1896年和2004年，举办过第1届、第28届夏季奥运会。

尤其值得一提的是，雅典在古代便是欧亚之间重要的贸易中心，如今，更是21世纪海上丝绸之路的重要交通枢纽之一。我国企业对希腊的投资也在不断增加，其中，中远海运集团收购了希腊的第一大港比雷埃夫斯港港务局67%的股权，这是"一带一路"倡议的重要成果之一。

千年的厚重历史积淀、充满活力的现代文明，如今，完美地在雅典融合。

雅典的美丽夜景

【雅典十大必游之地】

★**雅典卫城**

西方世界最重要的古迹、希腊最杰出的古建筑群,有世界上最伟大的建筑之一——帕特农神庙。

★**宪法广场**

在雅典的最中心宪法广场,有身着百褶裙、绣球鞋的希腊精锐部队卫兵,他们是无名烈士墓的永久守卫者,每到整点有换岗仪式。

无名烈士墓前的士兵换岗仪式

**★希腊国家考古博物馆**

这座希腊最大的博物馆，是横跨 7000 年历史的藏品宝库，有超过 11000 件展品。

**★雅典卫城博物馆**

建在遗址之上，与卫城相呼应，其中收藏的帕特农神庙的雕塑原作，是杰作中的杰作！

**★古希腊 & 古罗马市集**

这两个景点相邻，都在卫城脚下，有保存最完好的火神庙风之塔，这里也曾是苏格拉底与人交谈并思考的地方。

**★泛雅典娜体育场**

这是世界上唯一一座完全用大理石建造的体育场，也是第一届现代奥运会的举办地。在跑道上跑一圈、在 21 号看台上层取景、在以体育场为背景的领奖台上拍照，都是引众人艳羡的别样体验！

**★奥林匹亚宙斯神殿**

尽管原来的 104 根柱子，如今只剩下 13 根，但慑人的霸气仍令人震撼。神殿边上，就是古罗马时期的哈德良皇帝拱门。

**★波塞冬海神庙**

它建在雅典的"天涯海角"苏尼翁海岬的悬崖上，虽是只剩下 12 根柱子的残垣，却有着不输圣托里尼岛的美丽落日。英国著名诗人拜伦（Byron）还曾在此刻字。

**★利卡维多斯山**

海拔约 300 米，是俯瞰雅典的最佳地点。在山顶，可以欣赏远处的卫城、天际线、落日，在这里喝杯咖啡，或吃个晚餐，一定是你雅典之行的又一享受时刻……

**★普拉卡老城区**

在铺满石头的街道上漫步，你会真切地感受到，时光在倒流——咖啡馆飘着香气、小饭馆老板热情地招呼客人、街头艺人奏出美妙的音乐……

利卡维多斯山顶降旗仪式

## 五、处处留情的爱与美之神

几乎人人都知道维纳斯,可是却没有多少人知道她奇特的出生和婚姻——生于血腥的海水泡沫,嫁了最丑、最无趣的男神……

维纳斯,也就是古希腊神话中的爱与美之神阿芙洛狄忒。古罗马虽然用武力征服了古希腊,却反过来全面被古希腊的文化征服,所以,连古希腊的神话也照单全收,只是改了个名而已。阿芙洛狄忒掌管爱、美、爱欲、多产,也引申为春天和生命之神。

她的美,有代表"最美的女神"的金苹果为证;她的爱,让她堪称"女神界的宙斯"——情人、孩子众多。女神一出生,就是成年美女的模样,完全没有经历婴儿期、少女期——

只见她乘着贝壳,手拂金发,从塞浦路斯岛的海水中冉冉升起……

维纳斯的诞生

### (一)被包办的不幸婚姻

奥林匹斯山上最美的女神,却偏偏被嫁给了最丑的火神赫淮斯托斯!据说,这是因为宙斯求爱不得,就报复,干脆把她嫁给了自己的丑儿子!

火神丑到什么程度呢?丑到连亲妈都嫌弃的地步……

火神是天后赫拉的亲生儿子,可一生出来,又丑又弱,赫拉看着就烦!心说:这么丑的孩子,怎么配是我生的?!直接就把这个孩子从奥林匹斯山上扔了下去……

后果很严重,火神摔坏了一条腿。他被善良的海洋女神收养,但却落下终身残疾。

火神最有名的故事,还是与爱神相关……

## （二）常任情人：战神

爱神情人众多，但也有"常任"的，他就是战神阿瑞斯（Ares）。他们生了很多孩子，其中最著名的就是长着翅膀、光着屁股、到处乱放箭的小爱神厄洛斯（Eros）。

虽然同样是战神，但阿瑞斯和雅典娜却完全不同——雅典娜是正义的战神，从不主动燃起战火，但阿瑞斯却一天到晚想着打仗，他在古罗马很有地位，但在古希腊并不受待见，和他相关的神庙极少。

然而，阿瑞斯虽然暴躁、喜战，可他在爱神的怀抱中却变得平和、安静。世界需要和平！所以，一个神话学者对他们感情的解释，非常美丽——

阿瑞斯，在阿芙洛狄忒的怀中息怒，如一切生灵那样，被爱神强大的魅力所征服……

爱神作为战神的常任情人，代表暴风雨后，便是明媚的春光，大地一片生机……

本杰明·富兰克林说过：怕刺，就摘不到玫瑰……

这话，放在勤劳的火神身上，再合适不过！爱神、战神、火神他们最著名的故事，就是那场轰动天上人间的捉奸在床了……

不般配的爱神与火神

爱神、战神、小爱神们

话说每天光照大地、洞穿一切的太阳神阿波罗，这天刚驾着太阳车在天空巡逻，就发现苟且的爱神和战神，天都亮了，居然还没起床呢！

阿波罗因为没追到爱神，一直心存不满，就跑去向火神告密……

可怜的火神正在打铁，当众被说了戴绿帽子的事，在一众徒弟面前颜面全无！但他只会整天打铁，没胆找整天打仗的战神单挑，只能默默地打造了一张隐形到神也看不见，比蜘蛛丝还细、又牢固的网，偷偷地安放在了床上方。

太阳神向火神告密

火神捉住爱神与战神

热情如火的爱神和战神幽会时，被牢牢地困在了网中间，动弹不得！这时，躲在暗处的火神立刻跳出来，指着他俩大骂！

混乱的桃色新闻现场

如此还不够解气，火神委屈地大呼小叫，让众神都来评理。结果，看热闹的不嫌事大，众神火速飞到现场！

商旅之神赫尔墨斯，一点都不虚伪地说："宁愿被困在网里的人，是我！"

海神波塞冬说他胸怀宽广如大海，愿迎娶爱神为妻！

火神没想到，自己非但没能报仇，还被其他神奚落了！舍不得离婚的他，更不敢找战神报仇，只能悻悻地解开了罗网，放了战神和爱神。之后，战神也没一句道歉，只是怒把为他站岗的哨兵变成了大公鸡——每天清早，都要打鸣、预报：太阳神来了！

爱神满不在乎地回了帕福斯老家，美惠三女神为她在海水中沐浴、涂抹香膏，她又恢复了活力。而且，她与战神的爱情并没结束，还又生了一堆孩子。为了感谢赫尔墨斯"仗义执言"，她为他生下了赫马佛洛狄忒斯（Hermaphroditus）；为感谢波塞冬"解围"，她也以身相许……

战神、爱神和美惠三女神

想拦住阿多尼斯的爱神母子

## （三）凡间情人：阿多尼斯（Adonis）

你以为爱神的情人只有男神？那你就错了，爱神还有个著名的人间情人——阿多尼斯。据说他的颜值能令世间万物失色。

但这个花美男却更爱打猎，对他来说，爱情远不如在山林里自由奔跑、追逐猎物美妙，就算美如爱神阿芙洛狄忒，也不能让情人时时围着她转。

这天，阿芙洛狄忒预感到有不幸发生，就疯了一样紧紧地拉住情人（连小爱神都在帮忙抱住他的腿），请求他："亲爱的，不要再去打猎了，今天会有危险的，快抱紧我吧！"

可阿多尼斯却不以为意，早已背上弓箭、带好猎犬的他匆匆安慰了女神几句，就甩开情人的手，头也不回地飞奔进森林。

果不其然，他没跑多久，突然从旁边蹿出一只凶狠的野猪，直接扑向他！

只听阿多尼斯一声惨叫……好好的一个美少年，就这样被猪拱死了……

据说这头野猪，正是嫉妒的战神变的。因为爱神移情别恋，疏远了他，他就变成野猪，用长长的獠牙，拱向情敌！

可怜刚刚还鲜活的美少年，此时却化为冰冷的尸体。据说他流出的血，化成了银莲花；阿芙洛狄忒痛不欲生，她一串串的眼泪，化成了代表爱情的玫瑰……

失去爱人的女神，诅咒全天下男女的爱情从此充满猜疑和痛苦——这诅咒下得实在不太厚道了……

## 【必看04】爱与美之神的出生地:塞浦路斯的帕福斯

神话中,爱与美之神正是出生在"地中海明珠"塞浦路斯的南部城市——帕福斯海岸边的泡沫中。

印有爱神和塞浦路斯地图的纪念品

它是地中海的第三大岛(仅次于西西里岛、撒丁岛,面积为9251平方公里),以原始海滩、晶莹剔透的海水、深厚的文化和历史底蕴而闻名。最早的文明可追溯到公元前10世纪的新石器时代。公元前8世纪,塞浦路斯成为亚述帝国的一部分;公元前4世纪,被亚历山大大帝征服,后曾被古埃及、波斯等国征服。公元前58年并入古罗马帝国,公元395年归属拜占庭帝国;1517年由奥斯曼帝国统治,后被割让给英国。复杂的历史和政治背景,让塞浦路斯直到今日,仍是一个分裂的国家。

帕福斯市距首都150公里、人口近6万,始建于公元前1400年。这里曾一度是该岛的首都,城市中的多个古迹于1980年被列为世界遗产,2017年又被授予"欧洲文化之都"的称号;如今仍是重要的海滨度假胜地,常有游客把这里选为婚礼举办地。

帕福斯的爱神岩(爱神的出生地)

帕福斯考古公园内的镶嵌画

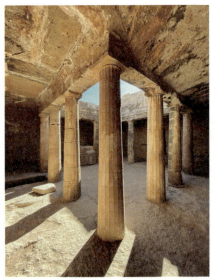
国王陵墓

## 【不可错过的景点】

### ★爱神岩

距离帕福斯市中心 25 公里处，有一道美丽的海岸线，相传爱神就诞生在这里的海浪拍打巨岩所激起的泡沫中。

### ★帕福斯考古公园

塞浦路斯最重要的考古遗址之一，有史前到中世纪的遗迹，有建于公元 1 世纪初的大教堂、剧场遗址及著名的古代马赛克镶嵌画。

### ★国王陵墓

包括由岩石雕刻而成的保存完好的地下墓穴和密室。

### ★帕福斯港口古堡

这座建于中世纪的城堡是帕福斯城的地标，建于 13 世纪，最初是拜占庭帝国为保护海港而建的堡垒。

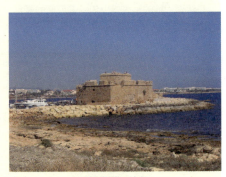
帕福斯港口古堡

## 【有趣小知识】

### ★火星、金星、祝融星

太阳系的第四行星火星，因为呈现火和血的颜色，所以在西方，用战神的罗马名马尔斯（Mars）来命名。

有趣的是，围绕着火星转动的金星，正是以爱神的罗马名维纳斯来命名的哦！金星在夜空中的亮度，仅次于月球，常被称为地球的姊妹星。金星在中国古代被称为太白、启明星或长庚星，早晨现于东方，称启明星，晚上现于西方，称长庚星。

火神的罗马名叫伏尔甘（Vulcan），既是火山（Volcano）的词源，又是《星际迷航》中"瓦肯"星人名字的来源。有意思的是，它还是天文学家用了整整50年也没找到的祝融星的名字（祝融是中国古代神话中的火神）！1915年，爱因斯坦用大名鼎鼎的广义相对论，证明祝融星根本不存在！

### ★三月、四月

虽然在古希腊，战神不受待见，但是他在古罗马变成马尔斯（Mars）后，却很受推崇，成为"永恒之城罗马"的两位奠基人罗慕路斯（Romulus）和雷穆斯（Remus）的父亲。罗马历的第一个月份就是献给他的，后来他的名字演变成英语中的三月（March）。

而爱神，是掌管美与爱（欲）的，所以从她的名字（Aphrodite）中，产生的很多有意思的英语语汇都和爱（欲）相关，比如四月（April，春天是结婚的好季节），还有和爱（欲）相关的词性欲（Aphrodisia）、春药（Aphrodisiac）等。

### ★阿多尼斯节

希腊有一个特别突出女性地位的节日——阿多尼斯节。这一天，女士们会公开表达对爱神的情人美少年阿多尼斯的爱慕。中国曾有学者认为，这个节日和我们的七夕节，也就是"乞巧节"很类似。

庆祝阿多尼斯节

## 六、爱情曲折的太阳神阿波罗

在古希腊神话里,地位仅次于宙斯的神就是太阳神阿波罗了。而且,在奥林匹斯山 12 主神中,只有他的罗马名与希腊名完全一致,可见人们对他的尊崇。

他代表了希腊精神——光明、公正、和谐;

他位高权重——掌管着太阳、音乐、艺术、预言、弓箭、医药;

他能吹能弹——是 9 个文艺缪斯女神的男领班;

太阳神和缪斯女神

他能射能跑——是跑得最快的神箭手(谁还能快过光速?)

然而,天地间第一美男子阿波罗,从出生就历经艰难,他的爱情也充满曲折。

也许,这就是为什么古希腊神话会如此吸引人——神有人一样的困扰;从没有完美的神,哪怕贵为主神,也不能为所欲为、想爱谁就爱谁!

勒托把骚扰她的无赖变青蛙

### (一)艰难的出生

太阳神和月亮女神是对龙凤胎,也是宙斯最喜欢的儿女,但为了生下他们,宙斯的第 6 任妻子勒托(Leto)却吃尽了苦头——这是一出神界的"宫斗剧"。

据说天后赫拉害怕勒托在她之前生出宙斯的孩子,就利用掌管生育的职权,不让勒托在奥林匹斯神山以及大地上生育。即将临盆的勒托四处流浪,痛苦地熬了9天9夜,无处产子。

宙斯无奈只能让海神波塞冬帮忙,波塞冬在海中升起了一座浮岛,名为提洛岛(Delos,意思是我浮现)。在小岛的一棵棕榈树下,两个光芒万丈的婴儿,才终于平安出世。

可报复心极强的赫拉,又派她的恶龙皮同(Python)前去追杀勒托,幸亏波塞冬及时掀起巨浪,才没让悲剧发生。

可怜母子三人四处流浪,甚至在河边饮水时,勒托还被几个无赖调戏。

阿波罗一长大就跑到帕纳索斯(Parnassus)的山谷里,射杀了皮同,并成为德尔斐(Delphi)的新主人。

### (二)艰难的爱情

阿波罗的爱情中,最著名的就是他的初恋——达芙妮了。

这全怪他惹了不该惹的小爱神厄洛斯。有一天,超级自恋的阿波罗,迎面遇上光着屁股、拿着弓箭、扑棱着翅膀的小爱神,就上去教训人家:"弓箭是你这个小屁孩拿的吗?你还想和我比射箭?我的箭可是杀死了恶龙皮同的!快一边玩去吧!"

我们常听说,被丘比特的箭射中就会坠入爱河,但那得看是被哪一支箭射中。小爱神有两支箭:一支是金做的,叫"爱之箭",另一支是铅做的,叫"恨之箭","恨之箭"射中谁,那个人就会永远拒绝爱情!

小爱神平白无故挨了通训,恨得牙痒痒!可好汉不吃眼前亏,他先躲到暗处,"嗖"地拿出一支金箭,射

小爱神向太阳神射金箭

向阿波罗，再又拿出一支铅箭，射向河神的女儿达芙妮……

其实达芙妮是神界的"灰姑娘"，因为她只是一个普通河神的女儿。当阿波罗向达芙妮示爱时，达芙妮毫不领情，飞快地逃走了！阿波罗疯狂地追……

**阿波罗与即将变成树的达芙妮**

然而，达芙妮哪能跑得过太阳神啊？她大喊父亲救命——快改变我美丽的身体吧！我宁可变成植物，也不要嫁给太阳神！

结果，就在阿波罗的手要抓住达芙妮的一刹那，美丽的姑娘慢慢地变成了一棵月桂树——

手指，长出了树叶；身体，变成了树干；腿脚，长成了树根……惊呆了的阿波罗，甚至还能听到姑娘怦怦的心跳声……

这个场景，2000多年来，一再成为西方艺术家创作的灵感源泉，因为有太多艺术家惨遭过心爱之人的拒绝！连诗人海子，也曾写下诗句：

我所热爱的少女

河流的少女

阿波罗与达芙妮

头发变成了树叶
两臂变成了树干
你既然不能做我的妻子
你一定要成为我的王冠
我将和人间的伟大诗人一同佩戴
用你美丽叶子缠绕我的竖琴和箭袋
(《十四行：王冠》)

除去达芙妮，阿波罗的悲情史还有——爱上美少女西诺佩（Sinope），发誓给她任何她想要的礼物，人家要的是永葆贞洁……

爱上特洛伊公主卡珊德拉（Cassandra），还送她预言的能力，人家也不接受他，他就施法让所有人都不相信公主的话，导致特洛伊城被希腊人用木马计攻陷……

### （三）倒霉的儿子们

不知道最初编造神话的人，是不是太嫉妒阿波罗了，把他的爱情编得惨也就算了，连他的儿子们也都没有好下场。

先是著名的医神阿斯克勒庇厄斯（Asclepius，他母亲也背叛过阿波罗）。因为他继承了阿波罗的医术，复活了很多死者（他拿的单蛇杖，正是后来医学领域的标志），结果惹恼了奥林匹斯山的神灵们！

因为只有神是不死的，而人是必死的！这是神和人的最大区别。而阿斯克勒庇厄斯，却打破了生死的界限，等于破坏了人和神的界限。冥王哈迪斯最为恼火——死人都复活了，冥界不就空了？于是，宙斯用一道霹雳闪电，把阿波罗的爱子医神劈死了……

阿波罗的另一个儿子法厄同（Phaethon，一说法厄同是老太阳神赫利俄斯的儿子），也没好到哪儿去，一样死于宙斯无情的闪电之下。

据说，法厄同为了向小伙伴证明他是太阳神的后裔，硬是向太阳神要了一个非分的礼物——驾驶阿波罗的太阳车在天上走一遭！

阿波罗一听到就惊呆了！因为，光保持太阳车4匹神马的步调一致，都够难了，哪是谁都能随便驾驶的？但他是光明的太阳神，不可失信于人，更何况是自己的儿子。无奈，他只好为儿子做突击培训——要握紧缰绳，让神马跑慢点；不能飞太低，以防地面着火；也不能飞太高，把天庭烧了……

可是骄傲的法厄同早就不耐烦了，直接驾着太阳车冲出了天门。4匹神马回头一看，居然是个熊孩子？立刻上蹿下跳起来！法厄同的面前，一会儿是天空，一会是大地，吓得他头脑一片空白，一不留神松开了缰绳……

这下脱缰的神马，直接把太阳车拖得忽上忽下，从大地到天空，都起火了——

众人呼唤天上的宙斯救命！宙斯一个雷电劈下来，把法厄同当场劈死。

手拿单蛇杖的医神雕塑

太阳神和黎明女神

法厄同被宙斯的雷电劈死

## 【必看05】德尔斐：古希腊世界的中心

从雅典向西北方向的帕纳索斯山谷出发，两小时车程（约170公里），即可到达"古希腊世界的中心"——德尔斐，也就是太阳神阿波罗最重要的圣域。在古代，无论是平民还是国王，都会不远千里来此崇拜阿波罗、倾听女祭司们手舞足蹈地传达神谕。

1987年，德尔斐被列为世界遗产，是希腊最受欢迎的景点之一。

据说宙斯曾放出两只神鹰，相对而飞，它们的交汇点，即世界的中心德尔斐。

在山谷中的阿波罗圣域遗址

人们一般认为德尔斐这个名字来源于海豚，但实际上它来自希腊词汇 Delphus（意为"子宫"）。

又因为阿波罗射杀了皮同，所以神庙的女祭司叫皮提亚（Pythia）。公元前582年，这里举行了第一次皮提亚运动会。

德尔斐的地位，与奥林匹亚圣地相当。它不仅是古希腊人心中世界的中心，而且还是哲学的原点——"认识你自己""凡事勿过度""保持虔诚的口舌"等著名箴言，就是刻在这里的阿波罗神殿上。德尔斐古迹的景点主要由阿波罗圣域遗址和考古博物馆两大块组成。

德尔斐圣域复原图

德尔斐圣域遗址内的体育场（惠震宇女士）

遗址里，有残存几根壮观石柱的阿波罗神庙、古剧场、各城邦进献宝物的宝库（雅典宝库保存较完好）、古体育场（至今为止保存最好）等。

德尔斐考古博物馆内，不能错过的藏品：保存极为完好、和真人一般大小（高1.55米）的战车御者青铜像、纳克索斯岛的斯芬克斯像、"世界之脐"翁法洛斯石、阿尔戈斯双胞胎、三个起舞的女子圆柱、宝库的门楣装饰浮雕等。

战车御者青铜像

门楣装饰浮雕：巨人的战斗

## 七、柔情也冷酷的月神

也许你对月神阿尔忒弥斯的名字很陌生，但你一定听说过英国的黛安娜王妃吧？黛安娜正是月亮女神的罗马名。

这位太阳神的孪生姐姐，与智慧女神雅典娜、灶神赫斯提亚（Hestia），并称神界的三大处女神，保护女性的贞洁和生育。

她在 12 主神中的地位也相当重要，关于她的故事、绘画、雕塑，数不胜数。

爱狩猎的月神

### （一）被偷看的惩罚

也许因为亲眼看到妈妈被不忠的老爸害惨，所以三岁的月神向父亲宙斯要了永葆贞洁、弓箭、远离人间的山林，作为生日礼物。她对男人深恶痛绝，乃至他们无意的过失也绝不原谅！

先说一个有趣的现象——在中西方的神话里，仙女们都特爱在野外的水域洗澡，而且，一洗就容易引发意想不到的故事——

先是中国的牛郎，他偷看仙女们洗澡不说，还偷人家的衣服，让织女不

月神出浴

能飞回天上,最后只好与他成亲!(牛郎织女故事的版本之一)

可同样是偷看仙女洗澡,古希腊神话中的阿克泰翁(Actaeon)的下场就惨多了。

这天,阿克泰翁带着猎狗,和朋友们一起去打猎。不知不觉来到了密林深处,突然看到一群仙女,正在湖边戏水沐浴!其中一位,美得不可方物——正是圣洁的月神,他不禁看呆了……

仙女们惊恐地发现有男人闯入,纷纷要去护住月神,月神反而很镇定,一边撩起水滴泼向闯入者,一边说:"你去跟别人说吧!说你看到了赤身裸体的女神,只要你有办法说话!"

可怜的阿克泰翁立刻就变成了一头鹿!哪怕他还有着人的意识,但发出的呼喊已是呦呦鹿鸣……那些整天跟着他的爱犬,听到鹿的叫声,立刻猛扑过来,瞬间把他撕成了碎片!

中西方类似的神话传说中不同人物的命运似乎也折射出古代两地文化的差异。

## (二)对母亲不敬的惩罚

别看太阳神和月神都代表了光明,但他们要凶狠起来,也是无人能敌!

故事要从一次祭祀活动说起。当时底比斯的女性都非常崇拜能生下双胞胎的勒托,这天,她们正要成群结队去祭祀勒托和她的一对双胞胎儿女,但骄傲的底比斯王后尼俄柏(Niobe),却拦路呵斥她们,还口出狂言说:"我的儿女是勒托的7倍,你们应该来崇敬我才对!"还嘲笑勒托当初都找不到生孩子的地方,最后竟把要去祭拜的人全赶回家了!

勒托看到这个场面,气得发抖!她对一双儿女说:"孩子们,你们看到了,赫拉欺负我也就罢了!如今,连人间的女子,都狂妄到敢侮辱我了!"

阿波罗立刻打断母亲的话:"您别说了!"他拉上姐姐,转眼就飞到了底比斯的上空。尼俄柏的七个儿子,正在骑马射箭,突然一个接一个地被射穿了心脏……

阿克泰翁撞见沐浴的月神

消息很快传遍全城,顿失七子的国王安菲翁无法忍受如此巨大的悲痛,拔剑自尽!而孩子们的母亲、狂妄的尼俄柏,虽扑在孩子们的尸体上痛哭,却仍无丝毫悔意,居然还继续愚蠢地对着天空大喊:"勒托!即使我遭遇这么大的不幸,还是比你强!我还有7个美丽如花的女儿!"

阿克泰翁之死

真是自作孽不可活!

恐怖的弓箭声再次响起,6个花朵般的女孩,应声倒在兄弟们的尸体旁……

其中最小的一个,惊恐地扑在母亲怀里,尼俄柏仰天呼号:"放过她吧!她还那么小!"

太阳神和月神,惩罚尼俄柏

尼俄柏的 14 个儿女被射杀

也许月神也曾犹疑,但箭已射出,无法召回。最小的孩子,也倒在了母亲的怀里……

而比 14 个孩子同时离世更残忍的是——孩子的妈妈还活着。她悲伤过度,最后化成了一块不断流水的岩石，那水便是母亲永远流淌的泪……

在古希腊神话里，神惩罚狂妄和傲慢的凡人，从来都不手软。

## （三）凄美的爱情

美丽且冷酷的月神，或许正代表了月亮清冷的形象。身为处女神，她也并非完全没动过春心。关于月神的爱情传说，有很多版本。比较著名的一个，是月神爱上了永远沉睡的美少年恩底弥翁（Endymion）。

话说有一天，夜晚驾着月亮车执勤的月神，不经意瞥见了月光下甜美入睡的美男子、牧羊人恩底弥翁。月神瞬间春心萌动，从此深爱上了少年。之后，她频频开小差，到凡间偷偷地亲吻心上人。

宙斯知道后，果断出手干涉。因为他既怕凡人诱惑他的宝贝女儿，也怕月神沉迷爱情，耽误月亮车的运行。宙斯本打算处死恩底弥翁，但在月神的苦苦哀求下，最后同意让美少年永远沉睡……

这个美丽的故事很多画家都画过。但在早期的神话中，爱上美少年的并不是阿尔忒弥斯，而是代表满月的塞勒涅（Selene），而那时，阿尔忒弥斯还只是狩猎女神，所以她惩罚别人时才会那么无情，后来才演变为月神。

黛安娜和恩底弥翁

月神和恩底弥翁

## 【必看06】阿尔忒弥斯神庙：古代七大奇迹

为祭祀月神，古希腊人曾建了一座被列为古代七大奇迹之一的大理石神庙——阿尔忒弥斯神庙。据历史记载，这座神庙始建于公元前550年，足足建了120年才完成，拥有127根柱子，比雅典卫城帕特农神庙的柱子还多，被形容为"全希腊最辉煌壮丽的纪念碑""超过了人类所有的建筑"。

然而如此壮丽的奇迹，却被一个想要出名的愚蠢家伙纵火烧成了废墟。

希腊历史学家普鲁塔克曾在他的传记中写道：阿尔忒弥斯神庙，被烧毁的同一天（约公元前356年7月21日），女神正忙着接生神一般的亚历山大大帝，所以无暇救火。

后来这座神庙曾两次被重建，但最终因洪水和战争被毁。公元5世纪，以弗所被东罗马帝国占领，东罗马皇帝下令拆毁神庙，从此这座古代建筑奇迹便消失于历史长河中，如今仅剩下一根柱子。

阿尔忒弥斯神庙遗迹

阿尔忒弥斯神庙的微缩模型

## 【必看07】提洛岛：日神、月神的出生地与提洛同盟大本营

基克拉迪群岛位于爱琴海的中心，"基克拉迪"在希腊语中意为圆环。而这个环的中心，便是神话中勒托生下太阳神和月神的圣岛提洛岛（距米科诺斯岛仅2公里）。

别看这个小岛面积仅有3.43平方公里，自然资源匮乏，但因为是神话中勒托生下太阳神和月神的圣岛，因此广受古希腊世界的崇拜，并和德尔斐、奥林匹亚相媲美。从古至今，游客都不允许在岛上过夜。

作为爱琴海宗教与商业的中心，繁荣的世界贸易港口，提洛岛曾盛极一时，岛上建有阿波罗、狄俄尼索斯（Dionysus）、波塞冬、赫拉等诸神的庙宇。公元前478年，以雅典为首的古希腊城邦，为抗击波斯大军，结成了"提洛同盟"，会址和金库最初均设于此岛。岛上遍布古希腊、古罗马风格的遗迹，因此被联合国教科文组织列为世界遗产。

提洛岛的标志石狮园

整个小岛就像一个露天博物馆，每天都有渡船从米科诺斯岛过来（约20分钟船程），不容错过的古迹有：提洛岛的标志——守卫着阿波罗出生地圣湖的石狮园，这几个石狮是复制品，真品存放在岛上的考古博物馆；阿波罗神庙遗迹；有着漂亮的马赛克镶嵌画的狄俄尼索斯之屋；建于公元前3世纪、可容纳5500人的保存完好的古希腊剧院等。

## 【必看 08】米科诺斯岛：名流出没的风之岛

因为从古代起，就禁止任何人在提洛岛留宿，所以作为中转站的米科诺斯岛（简称米岛），很早就发展起了旅游业。它位于蒂诺斯岛和纳克索斯岛之间，在这个面积仅 86 平方公里的花岗岩小岛上，却有多达 365 座教堂。因常年多风，所以它被称为风之岛。

米岛著名的风车阵

铺满石板的幽静小巷里，布满了各种各样的工艺品店、画廊、珠宝店等，随手一拍都是一张明信片。而且，除了自然风光，米科诺斯岛更驰名的是蜚声世界的天堂海滩、丰富多彩的夜生活。

岛上还有 3 个特别著名的景点，一个是被称为"小威尼斯"的一排临海房屋，建于 18 世纪，不仅色彩缤纷，而且那些阳台，像悬挂在海上一般。一个是沿着山脊建于 16 世纪的风车阵，风车曾用来加工玉米，现已成小岛的标志。在这里俯瞰小岛，尤其是在夕阳的余晖下，错综复杂的街巷被涂上金色，真是美得令人惊叹！还有帕帕波蒂亚尼教堂，由 5 个白色的小教堂融合而成，是米科诺斯岛上的人们最爱拍摄的教堂。

米科诺斯岛的"小威尼斯"

## 八、赫尔墨斯：神界快递员，小偷、商人的祖师爷

赫尔墨斯雕塑

你一定知道，一个包包贵到需要几十万元的奢侈品大牌爱马仕吧？你还记得帮着宙斯赶走牛群，劫走欧罗巴的神使赫尔墨斯（Hermes）吗？品牌 Hermès，因为在法语里 H 不发音，所以才被翻译成了高大上的"爱马仕"！

赫尔墨斯，调皮又机灵，是在神话里出场最多的神，主要掌管贸易、邮政、交通、旅行。而且，他还是小偷和骗子的祖师爷！他深受古希腊人民的爱戴，处处都有他的雕像，因为他是"灵魂导航者"，人们希望在断气前，由他引路顺利抵达冥界，让灵魂找到新家……

### （一）一鸣惊人的小婴儿

赫尔墨斯的老爸也是宙斯，妈妈是星神迈亚（Maia）。为了躲开善妒的赫拉，迈亚只能躲在山洞里生下他，他可以称作"古希腊版的哪吒"——出生就能跑、见风就能长，还在摇篮里就搞出了惊天大事！

这个小孩，从摇篮爬到山洞外，一眼就看到一只正在森林里爬的乌龟，

赫尔墨斯偷牛

他不怀好意地笑着对乌龟说："你在这里太孤单啦，和我一起回家吧！"

然后这只乌龟就遭了殃——小家伙扒下它的"衣服"，还在龟壳上绑了7根亚麻线，将它做成了世界上最早的竖琴——里拉琴。赫尔墨斯一边弹，一边唱，好开心！

赫尔墨斯玩饿了，却不想喝奶，只想吃牛肉！他又贼胆包天地选中了太阳神阿波罗的牛！这小家伙为了不让人发现踪迹，赶着牛倒退着走路，路遇一农夫，还给了农夫一头牛作为"封口费"；为了让牛肉更美味，他还发明了钻木取火……

阿波罗和赫尔墨斯

美美地饱餐一顿之后，他抹掉一切痕迹，重新钻进襁褓，继续做小婴儿。但他妈妈知道了这个秘密，担心地说："儿子，你闯大祸了！你偷了太阳神的牛，他哪是我们惹得起的？"

赫尔墨斯却嚷嚷道："我才不怕什么太阳神，他来了再看我怎么对付他！凭什么他们天天在奥林匹斯神山上吃香的、喝辣的，我们就只能待在破山洞里？"

## （二）世界上的第一笔交易

果然，能看穿一切的太阳神阿波罗，没多久就恼怒地找上门来！拎起摇篮里四脚朝天的小孩，冲他大吼："你这个狡猾的小偷！就是你，偷了我的牛！赶紧把牛还给我，不然我就把你丢进塔尔塔洛斯（古希腊神话中的地狱）！"

调皮的赫尔墨斯装作无辜地说："你在说什么？我还不会走路呢，怎么可能偷你的牛呢？"

阿波罗听了，真想一巴掌拍死这个小骗子！可这毕竟是自己同父异母的亲弟弟，他干脆一路把他拎到奥林匹斯神山，找宙斯主持公道！

他们共同的父亲宙斯，哪怕听了阿波罗的控

墨丘利（赫尔墨斯的罗马名）

告，仍是打心眼里喜欢这个古灵精怪的小家伙，就安慰了阿波罗几句，又呵斥小家伙，快把牛群还给哥哥。

赫尔墨斯自知理亏，就主动求和，不但答应把还没吃的牛奉还，还献出他玩腻的里拉琴，将琴送给了爱音乐的阿波罗。

结果，太阳神被里拉琴声迷住了，既回赠了自己的宝贝双蛇杖（代表着财富和梦想，正是我国海关标志的组成部分），还提出把自己的牛、羊全都托付给赫尔墨斯，让他做畜牧业的保护神。

神使引渡亡灵

从这一天开始，阿波罗成为音乐之神，赫尔墨斯也因为"由偷改换"，做成了世界上的第一笔交易，成了小偷和商人的保护神。

而且，宙斯还任命他为奥林匹斯神界的传令官，送了他能飞行的双翼帽、登云鞋——这在古代太实用了！此后，赫尔墨斯就开启了他的"特快专递"业务——在神界、人间、冥府三界穿梭，甚至冥王把引渡亡灵的事也交给了他。

同时，他作为宙斯的使者，总是帮着宙斯善后，比如，前文所说的砍杀百眼怪，救出被变成小母牛的伊娥，他还帮宙斯把私生子小酒神护送回奥林匹斯山，等等。

**【有趣小知识】**

赫尔墨斯,情商高、速度快,虽不像雅典娜、阿波罗那样强大又威风,但他总能用灵活的头脑化解难题。除了"快递"业务,他还掌管贸易、交通、体育、旅行等领域。所以,西方人常常在十字路口、银行、轮船公司的门口,竖起赫尔墨斯的雕像,以求佑护。

希腊国家邮局、希腊的航空公司,塞浦路斯的拉纳卡国际机场、瑞银集团、爱马仕银行等,都用赫尔墨斯的头像或名字作为标志。

另外,因为赫尔墨斯跑得快、飞得高,所以英语中,滑不溜秋的水银和太阳系中公转速度最快的行星水星,都用他的罗马名墨丘利(Mercury)来命名。

解救变小母牛的伊娥

## 九、狄俄尼索斯:癫狂又痴情的酒神,悲剧和狂欢节的起源

### (一)奇特的出生

狄俄尼索斯是非常受欢迎的神,他虽是后起之秀,却代替了之前的冥王或灶神,进入了12主神系列。

他有多重要呢?

第一,西方的戏剧、嘉年华狂欢节,因他诞生。

第二,"酒神精神"与太阳神的"日神"精神一起,是古希腊精神的两极代表。

第三,有两个星座(北冕座和南冕座),与他有关。

如此重要的主神,却是由凡间女子

青年酒神

所生，差点胎死腹中……

宙斯被藏在克里特岛长大，日神和月神被追杀、只能在浮岛上出生，爱与美之神在血腥的泡沫中出生，火神一出生就被他妈妈扔到海里，雅典娜的妈妈被吞……似乎是古希腊神话在向我们说明，连"不死的诸神"都要历经磨难，更何况我们凡人？

酒神的出生，说起来又是一出"赫拉复仇记"！

话说欧罗巴的侄女、底比斯的公主塞墨勒（Semele）美如百合，但却继承了家族不幸的命运——看了不该看的，并死于非命（看到月神洗澡的阿克泰翁就是他们家族的）。

塞墨勒被宙斯看中，宙斯夜夜变成凡人来和她幽会，不久她就怀孕了。天后赫拉知道后，嫉妒得在睡梦中都咬牙切齿！

但这次，赫拉却没有打上门去，而是变身成塞墨勒的老奶妈，挑唆姑娘说："公主，你要一定长个心眼，得想办法看看每晚来和你幽会、还吹嘘他是天神的男人，到底是不是宙斯？让他现一下真身，瞧瞧他的雷电才对啊！"

好奇心，真的会害死猫……

听信了老奶妈的挑唆，塞墨勒再见到宙斯时，让他指着冥河发誓要完成她的一个心愿。正色迷心窍的宙斯，当然是满口答应，谁承想，凡间公主竟要看天神的真面目！

塞墨勒之死

宙斯只能在心里悲叹一声，无奈地手拿雷电、现出原形，可怜肉体凡胎的公主，瞬间就被雷电烧成了灰烬……

但是，在她的四周，却立刻长出了茂密的葡萄藤（或常春藤），将胎儿护住了。

宙斯心痛万分,赶紧抱起胎儿,可离开母体的胎儿怎么活呢?宙斯就在自己的腿上割了个口子,把胎儿缝到腿里,像袋鼠妈妈一样,继续孕育孩子。宙斯腿里装着个胎儿,走起路来拐来拐去的,这正是狄俄尼索斯名字的由来,Dionysus 原意为"瘸腿宙斯"。

## (二)天后的报复

不久,狄俄尼索斯顺利出生了,但天后赫拉下令不许任何人收养他!

没办法,宙斯就派了神使赫尔墨斯,把酒神宝宝送给塞墨勒的妹妹伊诺收养。

赫拉发现后,勃然大怒,让伊诺的丈夫阿塔玛斯国王发疯,先是砍死了他们的大儿子,又穷追不舍继续砍杀伊诺和小儿子,可怜的伊诺母子也顾不上小酒神了,直接从悬崖跳进了海中。宙斯看到后,让海神波塞冬出手相救,并让他们成为大海的神灵,专门救助海上的遇难者。

酒神的狂欢

可阿塔玛斯又跑回宫中,抓起小酒神狄俄尼索斯就向地上摔去……幸好赫尔墨斯及时赶到,夺下了孩子。

后来,小酒神被送到了倪萨山中,由宁芙仙女们养育长大,也就是在这里，酒神发现了葡萄、发明了葡萄酒——可以让人忘记烦恼、一解疲劳的神奇液体。

发疯的阿塔玛斯国王

## （三）酒神的复活

但赫拉的迫害，从未停止。

当酒神回到奥林匹斯山，找老爸宙斯认亲时，赫拉趁宙斯不在，安排泰坦神把他撕成了碎块。酒神喷出的鲜血，化作了一棵石榴树，于是人们在祭祀酒神时，不吃石榴。

酒神的女随从迈纳德

不过，酒神最后复活了，在不同版本的神话里，救他的神不同——有的说是雅典娜，有的说是地母瑞亚。死而复生的酒神，成为一种象征——"生命与死亡"结合的象征、人在"自然与精神"中历险的象征。之后，狄俄尼索斯就作为葡萄与美酒之神，不断推广葡萄种植和酿酒技术。

同时，他还把美酒、音乐、舞蹈相结合，到处制造狂欢仪式。

传说酒神的追随者以女性为主，也许是因为当时的女性，地位不高、平时太压抑，又不胜酒力吧！古希腊三大悲剧作家之一欧里庇德斯，也因此创作了《酒神的信徒》一剧。

### （四）酒神的深情

一天，在纳克索斯岛上，酒神遇见了美丽而不幸的公主阿里阿德涅（Ariadne）。姑娘正坐在海边哭泣，这位克里特王国的公主为了爱情，背叛了父亲——

她用一个线团，帮助雅典王子忒修斯（Theseus），在杀死迷宫里吃人的牛头怪后，顺利走出了迷宫。可如今，却被狠心的王子抛弃在半道的纳克索斯岛上。

据说，这是因为忒修斯梦见了酒神威胁他："留下公主，否则我将降下灾难。"结果忒修斯竟在公主睡着后，不辞而别（真非英雄所为）……

酒神的狂欢

被抛弃的阿里阿德涅

之后，或许是现世报——他忘了和父亲埃勾斯的约定——战胜牛头怪，返程就挂白帆；反之，失败了，就挂黑帆（表示哀悼）。这导致在海边日日盼儿归的父亲，看到挂着黑帆的船返航，以为儿子已死，悲痛得投海自尽……

酒神对公主一见钟情

雅典的人们,为纪念老国王,就用他的名字命名这片海为爱琴海。所以,爱情海的名称起源和爱情没有半点关系。

酒神一眼就爱上了阿里阿德涅公主,用鲜花编织的皇冠向她求婚。两人婚后幸福地生活了一段时光,并孕育了四个孩子。

但公主仍是"必死的凡人",无法永远与酒神相伴,她离世后,专一的酒神没有再娶,并把皇冠变成了夜空中不朽的北冕星座(Corona Borealis,意为北星空的花环)来纪念爱人。

酒神的深情,不止体现在对待爱人上。

从来没能拥有过母爱的他,却在自己有能力时,第一时间去救他已去世多年的母亲!他闯入冥府,献给冥后一株桃金娘(后来这种植物成为冥后的圣树),并成功央求冥王夫妇放出了他的母亲。他还为妈妈编织了花冠,让她也成为不朽的神灵——塞墨勒也改名为提俄涅(Thyone),变成了天上的南冕座(Corona Australis,意为南星空的花环)。

要知道,连阿波罗都没有让人起死回生的神力;而且,除了宙斯,也没有谁能将凡人升为天空中的星座,但酒神却办到了,古希腊人对酒神的崇敬,似乎说明了他们对真爱和孝道的推崇。

【有趣小知识】

★酒神节庆典和西方戏剧起源

西方戏剧始于古希腊,而古希腊的戏剧,起源于酒神祭祀庆典。

人类种植葡萄酿酒的历史,可以追溯到公元前 4000 年前。为了感谢酒神狄俄尼索斯带来丰收与欢乐，古希腊人一年会举办多达4次祭祀酒神的活动——每年葡萄种植时、收获葡萄榨汁时、新酒开坛时、通商贸易时。其中以每年三四月，春分前后举行的大酒神节最为隆重。

在酒神节上，人们披上山羊皮、戴上面具，扮成酒神的随从山羊人萨提洛斯（Satyrus）为酒神唱赞歌，所以古希腊悲剧也被称为山羊之歌（Tragodia，也是英语中悲剧一词 Tragedy 的起源）。但早期古希腊的悲剧，并不是"悲伤剧"，而是"严肃剧"的意思，主要借古希腊神话，来表现崇高的英雄主义。

喜剧也由酒神祭祀产生，但出现稍晚。在盛大的庆典里，人们化装为鸟兽，载歌载舞，一边唱着给酒神的颂歌（Komoidia，即英语中喜剧一词 Comedy 的来源），一边狂欢游行，渐渐形成了之后的狂欢节。

★尼采：日神与酒神精神

德国的大哲学家尼采，在《悲剧的诞生》一书中，第一次提出了古希腊精神互补的两极——"日神精神"和"酒神精神"。日神阿波罗，代表光明、理性和具体的艺术，如建筑、雕塑、诗歌等；酒神狄俄尼索斯，代表迷醉、狂野的随性（非理性）、生命力和抽象的艺术，如音乐、歌舞、戏剧等。

★西方人的酒：红酒与中国的白酒

咱们中国文化一提到酒，主要都是指白酒（粮食酿造），而西方人常说的酒，却是红酒（葡萄酿造），因为西方文化的两大起源——古希腊人和希伯来人，都认为酒是用葡萄酿造出来的。

古希腊人认为是狄俄尼索斯发明了葡萄酒，希伯来人认为是诺亚创造了葡萄酒。所以，如果你在希腊或是欧洲其他国家的餐馆，点红酒以外的其他酒，一定要特别说明。

向酒神祝圣

## 【必看09】纳克索斯岛：酒神之岛，却有个阿波罗神殿

酒神和阿里阿德涅公主的浪漫故事让纳克索斯岛——基克拉迪群岛中的"绿地之冠"、最大的岛，在古代就十分有名，并深受英国诗人拜伦的喜爱。而且，除了酒神，宙斯、阿波罗、得墨忒尔等一众奥林匹斯山主神，也都和此岛有关。

纳克索斯岛还曾是中世纪威尼斯公国在爱琴海的首府，现在还保存有许多威尼斯公国的遗迹。土耳其人控制该岛后，在这个岛上也留下了很多文化、建筑。这里，不但有全希腊最好的蔬菜、水果，也有壮丽的山脉、繁荣的小村庄。

似乎没有哪个岛屿，能像纳克索斯岛这样，将如画的风景和静美的生活，完美融合。

在前往圣托里尼岛的渡船上远观纳克索斯岛

细腻的长沙滩，是孩子们的乐园，家庭度假的好去处；海拔1000余米的宙斯山是徒步爱好者的天堂；茂密的橄榄园、精彩的夜生活，是文艺青年的心头好；岛上的首府纳克索斯镇，曾是威尼斯人建于13世纪的定居点，如同迷宫一般，由白色石头房子、教堂、博物馆、精品店、小酒馆组成。

岛上不容错过的景点，还有建于公元前 6 世纪的波尔塔拉石门，它原本是阿波罗神殿的入口，却因工程太大，一直没能完工，但只是在这里看看爱琴海上的日落，就绝对值回票价了！

　　还有要献给众神的、巨大但未完工的库罗斯青年像——其中一个长达 10.5 米，如今仍躺在阿波洛纳斯村附近，是让人惊叹的古代工程和艺术奇迹。

　　纳克索斯岛距离雅典 103 海里[1]，有机场，和其他基克拉迪群岛中的小岛有频繁往来的渡轮，而且物价不高，是希腊跳岛游一个非常好的"平替"之选。

---

[1]　1 海里等于 1.852 千米。

## 十、真正的海王波塞冬

之前我们认识的奥林匹斯山主神们,都属于位高权重、知名度更大的"第一梯队",但还有 4 个神——宙斯的大哥、二哥和大姐、二姐,在西方也是家喻户晓。他们也位列早期神话的 12 主神,但故事相对较少,尤其是宙斯的大姐灶神赫斯提亚几乎没有流传下来的故事——敢对她不敬,你还想过日子吗?

先看看宙斯的二哥——掌管一切水域、暴躁易怒的海神波塞冬。他在临海而居的希腊人心中的地位仅次于宙斯,与我们的龙王、妈祖相近,主要保佑一方风调雨顺、出海的居民平安归来。

### (一)一眼分清宙斯三兄弟

第一次神界大战后,宙斯、波塞冬和哈迪斯哥仨,推翻了他们的老爹克洛诺斯后,抓阄来划分势力范围。

宙斯三兄弟

宙斯获得了天空,成为主神;波塞冬成为大海、湖泊、河流的老大;大哥哈迪斯最倒霉,分到了只有死人的冥界。

如果只看这哥仨的脸,会发现他们长得几乎一样,但通过他们的兵器,就能分清:

宙斯的兵器是热雷做成的只有一个尖的闪电枪!

哈迪斯的兵器,像个叉衣服的衣叉……

波塞冬的三叉戟很像鱼叉,相当出名,玛莎拉蒂、地中海俱乐部都纷纷用它当标志。

## (二)波塞冬的情人

### 海后安菲特里特

因为近水楼台,海神最先看上了海洋女神忒提斯,但因为神谕说她会生下比父亲更强大的儿子,海神转而找到下一个目标——安菲特里特(Amphitrite,老一辈的海神所生的7位海洋仙女之一)。

有天,安菲特里特正在纳克索斯岛附近和姐妹们在海里玩耍,波塞冬像条大鲨鱼般向着小仙女游过去!但人家根本不愿嫁给一脸凶相的海

海神的归来

王,就潜入水中逃走了。波塞冬立马派出他的"海中猎犬"——小海豚狂追不舍。最后,筋疲力尽的安菲特里特被海豚背了回来,成了海后……

也有神话说,安菲特里特向父亲求救,父亲把她藏起来了,却被一只海豚告了密,波塞冬为表彰海豚的献美之功,把它升上天空成为海豚星座。

### 蛇发女妖美杜莎

西方世界有名的飞马帕伽索斯(Pegasus)并非马所生,它的母亲是海妖家族中的戈尔工三姐妹之一的美杜莎(Medusa)。

在没遇到海神之前,美杜莎并未继承家族的妖怪血统,反而是有着一头卷曲长发的美人。早期的神话说男人们为她神魂颠倒,海神也深深为她着迷。在《神谱》中,赫西俄德说,美杜莎和波塞冬曾共眠于牧场的花床上。但到了奥维德的《变形记》中,却是暴躁的波塞冬,居然在雅典娜的神庙里,玷污了美杜莎、亵渎了圣地……

但雅典娜没去责怪波塞冬,反而把愤怒发泄到受害人美杜莎的头上……她把美杜莎引以为傲的秀发变成了一条条可怕的蛇(英语中 Medusa 还有水母之意),还诅咒美杜莎,与美杜莎对视者,会立刻变成石头!有人开玩笑说,美杜莎是效率最高的雕刻家!

但这些,仍不足以平复雅典娜的怨恨,她又帮珀尔修斯成功砍下了美杜莎的头,让其永远消失!

那雅典娜女神为何会对一个无辜的受害者如此冷血呢?阿波罗多洛斯(Apollodorous)的《神话集成》(Bibliotheca)中曾提到:美杜莎炫耀自己的美貌赛过雅典娜!所以很早就引发了女神的不满,再加上自己的圣殿被亵渎,女神当然怒不可遏。

雅典娜和波塞冬

神奇的是，当美杜莎被斩首时，波塞冬的孩子——长着翅膀的白色神马珀伽索斯（波塞冬也是马神）和带着一把金剑出生的英雄克律萨俄耳（Chrysaor，意为金剑），一起从美杜莎的身体中飞了出来！

范思哲（Versace）的创始人，用美杜莎的头像作为他们品牌的标志，寓意致命的诱惑、无人能逃脱美杜莎的爱！

美国著名的科幻小说作家雷·布雷德伯里（Ray Bradbury），曾形象地把电视比喻成美杜莎——"电视，那只阴险的野兽，那只每晚把十亿人冻成石头的美杜莎，那只叫着、唱着、许下那么多诺言，最终却一无所给的海妖！"但如今，看看周围的"低头族"，把人冻成石头的美杜莎，从电视变成手机了。

## （三）无能的儿子们

波塞冬虽然情人不多，但却生了很多奇怪的后代，比如和海后生下的人鱼独生子特里同（Triton，总是在画中吹海螺号角）、独眼巨人波吕斐摩斯（Polyphemus，被奥德修斯刺瞎了唯一的眼）。

而且他的儿子，但凡遇上宙斯的儿子，一定是必输的那一个！

比如偷吃到赫拉奶水的赫拉克勒斯在和波塞冬总能"触地即复活"的儿子安泰（Antaeus，是波塞冬和大地之母盖亚的儿子）决斗时，聪明地抱起安泰，使其离开大地，顺利地杀掉了他。

赫拉克勒斯和安泰

【有趣小知识】

★海王星的得名

如大海般蔚蓝的海王星是太阳系八大行星之一,是已知太阳系中离太阳最远的大行星。海王星的英文名正是得名于波塞冬的罗马名尼普顿,而海王星的天文符号Ψ,也正是海神的兵器三叉戟。

★海神的三叉戟

三叉戟的图案不仅被知名企业使用,它甚至还成为美国海豹突击队的标志,以及加勒比海上的岛国巴巴多斯的国旗上的图案!

★小美人鱼的父王

迪士尼于1989年上映的著名动画电影《小美人鱼》中,人鱼公主的父王形象正是海神波塞冬——他手拿三叉戟、住在金光闪闪的海底宫殿。只是在影片中,人鱼国王的下半身是鱼尾,名字是特里同。

## 【必看10】"天涯海角"苏尼翁：希腊最著名的海神庙

雅典所在的阿提卡半岛的尽头，有一个三面环三海（爱琴海、地中海、爱奥尼亚海）的苏尼翁海岬，它临海的山崖上矗立着献给波塞冬的海神庙。

如果你沿着雅典的海岸线向南走，无论是开车，还是步行，都能一眼就看到这座恢宏无比的神庙。据说，这里也是前文提到的雅典国王埃勾斯盼儿无望跳崖自杀的地方。

神庙建于公元前444年，大致与卫城的帕特农神庙同龄，主要用灰色大理石作建筑材料，由34根多利安式柱支撑，如今只剩下十几根还屹立不倒，其中有一根立柱上还刻有英国浪漫主义诗人拜伦的签名（他曾作为志愿者，和希腊人一起为自由而战）。1810年他来此参观时，在离入口最近的柱子上，刻了他名字的首字母。可惜现在我们无法靠近看清这个签名了，为了防止古迹被破坏，神庙已经围上了绳子。

苏尼翁海角以壮观的日落闻名，当鲜红色的夕阳，映照着橙红色的天空时，你会感受到在千年古迹上凭海临风的震撼之美。

波塞冬神庙

## 十一、冥王哈迪斯

宙斯三兄弟中，过得最郁闷的当数老大哈迪斯了。

他不光手气差，抽签抽到了最没有生气的地下国度——冥府；又加上他平时公务繁忙，极少离开地下世界，也没能好好恋爱！虽然后来，他为爱勇敢了一回，却又引发了天上人间的一场大骚乱……

这场大骚乱，也是有关宙斯的大哥冥王和宙斯的二姐农业与丰收女神得墨忒尔最为著名的故事。

话说，本来冥王在地下独善其身，自成一派也挺好，但掌管爱情的阿芙洛狄忒偏要多管闲事（她看不得有地方竟缺少爱情的滋润），

采花的珀尔塞福涅

让儿子小爱神厄洛斯用爱情金箭射向了哈迪斯平静的心。这下好了，冥王中了爱情的箭，立刻为爱痴狂了！

而此时，刚好春暖花开，长着一双蓝宝石般大眼睛的少女珀尔塞福涅（Persephone，宙斯和得墨忒尔的女儿），正微笑着在草地上采摘美丽的紫罗兰和水仙花，却突然看见大地裂开了一个口子！四匹黑马，拉着坐在金车上的冥王，冲出了大地！

冥王冲上大地抢走珀尔塞福涅

看到花丛中美丽的少女，冥王以迅雷之势拦腰扛起姑娘就冲回了冥府！任凭少女如何疯狂挣扎、呼救、撕扯哈迪斯的那头卷发，都不能让欲火焚心的冥王放手……

而只有一个宝贝女儿的农神得墨忒尔遍寻不到女儿，心如刀绞、无心工作，导致大地荒芜、人间颗粒无收，眼看人类就要因饥饿灭绝了，宙斯赶紧出面调停——如果女儿还没吃冥界的东西，冥王就必须放她和母亲团聚。

其实自从莫名被抢到地下后，珀尔塞福涅每日以泪洗面，也无心用餐，可却被冥王劝说吃了几粒石榴（分别有4粒和6粒的说法，所以石榴也是冥后的象征物）。

于是宙斯只好判决，女儿一年之中要有4个月（或6个月时间），留在冥府作冥后，其余时间回到地上和母亲在一起。

据说，这个故事象征了季节的变换——珀尔塞福涅象征种子，她在地下，仿佛种子埋进大地，农神没有女儿陪伴在身边的时光，有如万物凋敝的冰冷冬季；女儿重回大地，回到母亲身边的时光，有如种子出土、万物欣欣向荣、充满了温暖的春天。

其实在古希腊人的心中，冥界只是死后的世界，并不

冥王强抢冥后雕塑

手拿石榴的冥后

农神找宙斯哭诉女儿失踪

珀尔塞福涅归来

是地狱。地狱是冥界的最底层——塔尔塔洛斯，被关押在那里的全是永无出头之日的"重刑犯"，像被打败的泰坦神之类的。

而且，即便是去天堂，也要先在冥府经过审判，拿到"签证"才能前往。而且有趣的是，古希腊人的极乐世界名为爱丽舍（Elysee）。你没看错，现在法国的总统府爱丽舍宫正得名于此！

不过，古希腊人对哈迪斯的畏惧程度，要远超宙斯

死之岛

和波塞冬，因为他代表了生命尽头要面对的恐惧。几乎没有任何一处圣地或一首诗歌是为哈迪斯而作。

大家一般都避讳提到死后的世界或冥王的名字，取而代之用"富有者"（因为金矿在地下）或"无形的神明"（因为冥王有个隐形头盔）来替代。但到头来，谁也别妄想和他永不碰面——无论好人、坏人、奴隶、平民，还是国王、贵族，最后都一样，会去哈迪斯统治的那个死亡国度……

《荷马史诗·奥德赛》中，生前最不怕死的大英雄阿喀琉斯在冥界见到活着的奥德修斯时，说：

请不要安慰我亡故，我宁愿为他人耕田种地，被雇受役使；

纵然无祖传地产，家财微薄度日难，也不想统治这所有故去者的亡灵。

【有趣小知识】

天文学家在 1930 年发现了太阳系中一颗温度最低、最暗的行星，把它命名为冥王星，和冥府幽暗阴冷的特点很吻合，但它在 2006 年又被降级为矮行星，估计冥王知道了，会更加郁闷吧！

有趣的是，还有两颗围绕着冥王星的卫星，分别被命名为冥卫一（Charon，亡灵的摆渡者卡戎）、冥卫四（Kerberos，冥王的看门犬刻耳柏洛斯的罗马名）。

## 【必看 11】埃莱夫西纳：崇拜农业女神和冥后的圣域

从雅典到科林斯地峡的路上，雅典西北方向 22 公里处，有一个工业城镇埃莱夫西纳。它拥有希腊最大的炼油厂，虽然近几十年饱受工业污染、衰败的困扰，但人们用文化与艺术重振这里，2023 年，它正式被评为"欧洲文化之都"。

作为古希腊悲剧之父埃斯库罗斯的出生地，这里每年会举办阿提卡地区历史最悠久的艺术盛会——埃斯库罗斯艺术节。再现农业女神母女神话的厄琉西斯节庆，也会每年 9 月在这里举行。这些节庆活动，绝对是体验古希腊文化和传统的独特机会。

厄琉西斯古城遗迹（Carole Raddato）

这里的厄琉西斯古城是崇拜农业和丰收女神得墨忒尔和她的女儿冥后珀尔塞福涅的圣地（厄琉西斯海岸边有个洞穴，传说是冥王绑架冥后的地方）。

厄琉西斯古城也是从迈锡尼时代开始就在古希腊流传的一种民间秘密宗教活动厄琉西斯秘仪的发祥地。据说，此宗教接纳了很多古希腊的杰出人物，包括柏拉图、毕达哥拉斯、伯里克利,甚至还有古罗马皇帝奥古斯都和哈德良等。

厄琉西斯,曾与雅典、奥林匹亚、德尔斐、提洛岛一起并称为"古希腊世界五大圣城"。在古希腊和古罗马时代,它都是被扩建的重要宗教中心。直到古罗马皇帝狄奥多西一世在公元 4 世纪末推行基督教,厄琉西斯秘仪才被作为异教活动而取缔。

古城目前仍在进行考古研究,遗址边翻新过的考古博物馆收藏了来自遗址的陶器、雕塑和铭文等文物,并有专门的影片播放讲解厄琉西斯秘仪的文化、历史和意义。

遗址内的主要看点有冥府入口洞穴、得墨忒尔神庙、古城墙遗迹、古罗马引水渠、古罗马浴场等。

## 十二、英雄传说：全世界文艺的灵感库

古希腊神话里，除了描写各路和人一样有各种缺点的神，还有一半描写的是比神更可贵的特殊凡人——英雄。他们拥有神力，会为尊严和荣誉而战，但却必有一死。

在现实中，这些人可能是历史长河中英勇的战士（比如阿喀琉斯）、智慧的首领（比如奥德修斯）、凡人的保护者（比如赫拉克勒斯），他们像今天英雄电影里的主人公一样，留下了无数拯救苍生的故事。所以，古希腊人崇拜英雄，其程度甚至超过对神的崇拜。

古希腊的英雄传说主要有两类：一类是远古人类和大自然抗争的故事（比如杀死牛头怪），另一类是历史事件被神化（比如特洛伊战争），它们共同成为后世各种文学、艺术作品的灵感库，甚至好莱坞也用它们拍了多部电影。

在众多英雄传说中，古希腊神话中第一大英雄赫拉克勒斯因为完成了12项不可能的任务（苦差），而闻名西方世界。

### （一）赫拉克勒斯

#### 不完美的大力士

那个一手捏死一条蛇的小婴儿，长大后继续被天后赫拉迫害，疯了！在疯狂的状态下，他竟杀了妻儿……清醒后他痛苦不已，只好向太阳神阿波罗求助。太阳神给他下了赎罪神谕——"服役阿尔戈斯国王12年，听从他的命令。"

为了赎罪，他需要完成无能的国王安排的12件极其刁钻古怪的"不可能"完成的任务，但赫拉克勒斯可是天神宙斯的儿子，又喝了天后赫拉的奶水，天生神力，硬生生地完成了他一生中著名的"12项伟业"！

尽管最后他死于妻子的醋意，但最终还是成为神界的一员。

12项大功

第1项：打死涅墨亚猛狮

第2项：斩首能长出新头的九头蛇

石棺浮雕：赫拉克勒斯的 12 项大功

第 3 项：活捉月神在刻律涅亚山的金角母鹿

第 4 项：生擒厄律曼托斯山的野猪

第 5 项：改河道打扫 30 年没清理的奥革阿斯的牛圈

第 6 项：驱赶斯廷法罗斯湖的食人怪鸟

第 7 项：降服克里特岛上的公牛

第 8 项：制服狄俄墨得斯的吃人母马

第 9 项：取得亚马逊女王的金腰带

第 10 项：赶回三头巨人革律翁的牛群

第 11 项：盗取赫斯帕里得斯（Hesperides）的金苹果

第 12 项：带回冥府的看门犬：刻耳柏洛斯

总之，赫拉克勒斯制服的不是怪兽就是妖怪，与他相关的都是一些为民除害的英雄事迹，甚至在完成这些任务的途中，他还顺便与死神搏斗救下了一个国王的妻子。

所以，古希腊人视他为男性气概的典范，关于他的雕塑、瓶画不计其数，很多城邦的新贵都以他为自己的代言人，甚至古罗马有好几个皇帝都以赫拉克勒斯在世自居呢！

赫拉克勒斯对战九头蛇

赫拉克勒斯徒手掐死涅墨亚猛狮

赫拉克勒斯的事迹

## （二）俄耳甫斯

### 西方文化史上的著名音乐家

在古希腊英雄中，知名度仅次于大力士的就是俄耳甫斯了。他也许是世界文化史上最著名的音乐家了。只要你对西方文学、艺术稍有了解，就一定听说过他的名字。

据说，他是阿波罗和缪斯女神的儿子。他的琴声和歌喉无比美妙，可令世间所有的生灵为之沉醉——花见花开、兽见兽爱、树木动容、石头落泪……

俄耳甫斯的音乐让百兽来朝

俄耳甫斯和赫拉克勒斯一样，也是"阿尔戈号"的 50 位英雄之一，曾受邀加入过夺取金羊毛的冒险之旅。他作为"阿尔戈号"的尾桨手，不但用歌声来控制划桨水手们的动作与节奏，还直接用"好声音"救了全船人的命——当他们遭遇歌声美妙、会吃人的塞壬女妖们时，俄耳甫斯用婉转悠扬的歌声盖过女妖们的旋律，让她们神魂颠倒，甚至互相残杀……

不过英雄最著名的，却是他专一凄美的爱情故事。

### 打动冥王，却救妻失败

俄耳甫斯的新婚爱妻欧律狄刻（Eurydike），在山林中被毒蛇咬中身

俄耳甫斯

亡。悲痛万分的俄耳甫斯,不惜舍命深入冥府,希望找回爱妻。他用充满魔力的音乐,打动了冥河摆渡者卡戎、催眠了看门犬刻耳柏洛斯,才终于得见冷酷的冥王哈迪斯。

铁石心肠的冥王在听到他的音乐之后,甚至流下了两行从未有过的泪水——铁泪。出于感动与怜悯,冥王答应了他带回妻子的请求,但有一个条件:在走出冥府之前,决不能回头看,否则他的妻子将永远不能再回到人间。

俄耳甫斯答应了。他拉起妻子的手,就头也不回地向着人间的光亮走去。

可亡妻毕竟是冥府的魂灵,她的悄无声息让丈夫不安——她真的跟上了吗?

俄耳甫斯惊慌、犹疑,因为他决不能一个人离开冥府!就在只有一步就跨过冥府门槛时,他还是忍不住向后瞥了一眼——欧律狄刻瞬间哭泣着化为灰烬,永远消失了……

再次痛失所爱的俄耳甫斯心如死灰,无视所有向他示好的女性。因为他反对祭祀酒神的狂欢仪式,最后被酒神的女祭司们撕成了碎片……

带领亡妻走出冥府的俄耳甫斯

#### 第一部歌剧和俄耳甫斯教

第一部歌剧作品《欧律狄刻》就是以俄耳甫斯为主题创作的。国际知名作曲家蒙特威尔第（Monteverdi），于1607年创作了他伟大的代表作歌剧《奥菲欧》（俄耳甫斯的另一种译名），一直流传至今。

据说从公元前6世纪起，古希腊社会就产生了以俄耳甫斯为名的秘密宗教。信徒们只信一神，并认为凡人的灵魂会不断转世，只有净化灵魂、背诵祷文，才能被接纳入教，像俄耳甫斯一样走出冥府，去经历他的下一段人生。有人认为，这是后来基督教的雏形。

### （三）伊阿宋

你身边有英文名叫Jason的人吗？这个名字源于"古希腊的陈世美"——伊阿宋。

伊阿宋就是集结了史上最豪华阵容的"阿尔戈号"探险队（赫拉克勒斯、俄耳甫斯都在内）的首领！

伊阿宋本是伊奥科斯王国的小王子，但被叔叔珀利阿斯（Pelias）夺去了王位。为安全考虑，父母把他送到了马人喀戎那里学习本领。他长大成人，自认为练就了一身本事后，就想找他叔叔要回王位。

#### 丢了一只鞋的勇敢少年

重回故乡的路上，他遇见了天后赫拉变成的老婆婆，求他背自己过河。伊阿宋通过了天后的考验，但在涉水过河时，弄丢了一只鞋。当他光着一只脚来到王宫时，他叔叔直接吓破了胆！因为神谕说：有一位风神的后代，穿一只鞋前来，将置你于死地！

和所有古希腊人一样，国王珀利阿斯也

伊阿宋和美狄亚

制作魔法药水的美狄亚

怕诸神。如果当场杀了伊阿宋,就会犯下三重罪——杀害家人、未善待客人、祝圣节内杀人。所以,当伊阿宋要求国王归还王位时,狡猾的国王假装同意了,但同时提出了一个阴险的条件——拿回远在黑海东岸的科尔喀斯国的国宝金羊毛,因为这样才能证明伊阿宋是个英雄,而他才会心甘情愿把王位让出来(他断定伊阿宋必死无疑)。

年轻气盛的伊阿宋立马接受了挑战!他在雅典娜的帮助下,请造船名匠阿尔戈斯打造了一艘能让50名水手一起划的巨艇。他还找来各路英雄,组成强大的探险队,向着金羊毛进发。

其实金羊毛来头不小。金羊是宙斯曾派去执行任务的神兽,后被升上天空,成为12星座里的白羊座。它救了被后妈(这个后妈正是收养酒神的伊诺)虐待,甚至要被送去献祭的两个孩子(一男一女)。

宙斯让金羊驮走两个孩子,但它在天上飞奔时,小公主不幸跌到了海里,小王子被带到了科尔喀斯王国,受到了国王的善待。于是,小王子就把金羊身上金灿灿的羊毛献给了国王。

国王万分珍爱金羊毛,将它放在了战神阿瑞斯的圣林中,并派一条火龙看守,任何想靠近的人,都会被火龙喷出的火焰烧成灰!所以,金羊毛哪是谁想拿就能拿的?

伊阿宋颜值高,超有女人缘!科尔喀斯国有个会魔法的美狄亚公主,中了小爱神的金箭,一眼就爱上了伊阿宋,还为爱情背叛了父亲,帮伊阿宋制服了火龙、偷走了国宝金羊毛。美狄亚甚至杀死亲弟弟,只为帮爱人逃脱追兵……

### 背叛的下场

然而为爱情奉献了一切的美狄亚,等来的却是丈夫的移情别恋!

伊阿宋即便拿到了金羊毛,也没能拿回王位,但他仍念念不忘自己的国王梦,准备狠心抛弃为他背井离乡的美狄亚和孩子们,再迎娶科林斯公主为妻——当然,会魔法的美狄亚怎能让他得逞?她杀死了情敌公主,而公主的族人为复仇,又杀死了他们的两个孩子,最后只余伊阿宋一个人,在痛苦中苟活……

## (四)忒修斯

忒修斯正是前文忘恩负义、抛弃帮他走出迷宫的公主,并间接害死父王的那位王子!其实他并非嫡出,而是雅典国王埃勾斯的私生子。

### 雅典寻父

话说,雅典国王埃勾斯久婚不育,而弟弟却生了五十个儿子,他眼看王位不保,就去德尔斐求子,可神谕却让他困惑——不要把酒囊的嘴,看得那么紧。

刚巧,在他返回的路上,顺道去特洛曾王国,看望好友皮透斯(Pittheus)。此人也正在暗自为他得来的神谕发愁——女儿埃特拉(Aethra)没有婚嫁之命,却会生下伟大的儿子。

听闻老友得到的神谕,皮透斯暗喜,原来神早有安排!他先和埃勾斯把酒言欢,又让女儿夜里做伴,埃特拉果然怀孕了。但他们却宣称那是海神波塞冬的孩子。埃勾斯在回雅典前,把宝剑

**公主给忒修斯线团**

忒修斯取出父亲留下的信物

和鞋子压在巨石下,告诉埃特拉孩子长大即可作为信物,去找他相认。忒修斯意为"有物为证"。

当忒修斯年满十六岁时,从母亲那里得知自己的身世。他轻松地掀开那巨石,拿着剑和鞋子直奔雅典,路上还解决了几个强盗。

但他的父亲又新娶了不久前被伊阿宋抛弃的美狄亚。这位会巫术的继母,怕忒修斯继承王位对她不利,就怂恿埃勾斯在宴会上用毒酒了结这个不速之客。千钧一发之时,埃勾斯认出了少年用来切肉的剑,正是当年自己留下的!赶紧打翻毒酒,救下了儿子!

埃勾斯认出儿子打翻毒酒

### 少年英雄变大叔

忒修斯作为王位继承人表现出了非一般的勇敢——先是帮助父亲,打败了要夺王位的叔叔和他的五十个儿子,又活捉了在马拉松平原为祸一方的野牛。

不久,克里特的米诺斯国王又来催要七对进贡的童男童女——因为当初米诺斯国王的儿子被雅典国王害死,为了求和,雅典人就要每九年进贡七对孩子,作为米诺斯迷宫里牛头怪的食物。这时,忒修斯主动请缨带领童男童女前往克里特岛斩杀牛头怪,帮雅典解除灾难。

在他的父王跳海后,忒修斯便继承了王位。一开始,忒修斯还能励精图治,把雅典治理得很好,但后来,许是中年危机爆发,他开始变得荒唐——居然和他的狐朋狗友一起跑到冥府,想要拐走冥后!结果他被冥王锁在健忘石椅上,困在冥界!多年后,直到大英雄赫拉克勒斯到冥府执行任务,才解救了他。

杀死牛头怪

忒修斯制服半人马

## (五)珀尔修斯

还记得宙斯变作黄金雨侵犯了公主达娜厄吗?他们的英雄儿子就是珀尔修斯,他是英雄传说中最讨人喜欢的半神。他最广为人知的英勇功绩,就是成功躲过美杜莎的致命目光,砍下了女妖的头。

### 英雄救美

完成阴险国王派给他的任务之后,为了赶紧救出母亲,珀尔修斯匆匆踏

骑着飞马的珀尔修斯

上归途。在骑着飞马,路过埃塞俄比亚的一处海岸时,他遇见了被铁链绑在海岩上的公主——迷人的安德洛墨达(Andromeda)。

只因公主狂妄的母后曾吹嘘自己比海洋仙女们还漂亮,整个国家都遭到了可怕海怪的蹂躏!为了平息海怪的怒火,可怜的公主即将被献祭给海怪!

英勇俊美的珀尔修斯毫不迟疑

救下安德洛墨达

骑着飞马打败了海怪,从它口中救下了公主,并娶她为妻,抱美而归。

凯旋的珀尔修斯发现早就图谋不轨的国王竟想趁他不在玷污他的母亲!于是,他直接掏出致命武器——美杜莎的头,把无赖国王变成石头,救出了母亲。

### 预言终成真

之后,生活幸福的珀尔修斯在参加运动会时,他掷出的铁饼意外砸到了一个老人的头,致其当场死亡,而这个老人,正是当初把他们娘俩扔到海里的国王阿克里西俄斯(Acrisius)!昔日预言终成真,古希腊神话中谁也打不败的,只有"命运"……

珀尔修斯石化无赖国王

# 第 2 辑
# 文学与戏剧

## 一、《荷马史诗》：西方文学第一经典

如果只用一句话来形容《荷马史诗》的地位，那就是——它是西方所有文学的源头，是所有古希腊人的"圣经"。

荷马

希腊有句谚语：人人都知道《荷马史诗》，可又有多少人真的看过呢？

其实，"荷马史诗"并非书名，它相传是双目失明的荷马——公元前 9 世纪一位四处漂泊的游吟诗人所作。据说，他每到一处就把自己在各地听到的历史、神话故事编成诗歌，在七弦琴的伴奏下，唱给路人听，以换得食物。

《荷马史诗》由两部长篇叙事诗组成，一部是《伊利亚特》，一部是《奥德赛》。

这两部史诗都和古希腊的特洛伊战争有关，都有一个共同的主题——"别惹神不爽"。两部史诗的主角也都是英雄，但个性却完全不同。简而言之：

《伊利亚特》是战争与英雄的诗，说的是强者（阿喀琉斯）的愤怒，是神的争吵、人的战争；《奥德赛》是故乡与回家的诗，说的是智者（奥德修斯）的隐忍，是归家的磨难与回家的决心。

两部史诗都有"缺席—返回—复仇"的桥段；《奥德赛》更用了倒叙和双重叙事的手法——至今仍然很流行，尤其在电影中。

另外，人们对于到底有没有荷马这个人一直争论不休，这也是著名的"荷马问题"——史诗是由荷马一个完成的伟大天才之作，还是一群人所写？在约 3000 年之前，如何能创作出这么一部结构精妙又寓意深刻的史诗呢？

其实人类各个文明早期都有自己的史诗，也都曾有口述的传统。比如古巴比伦的英雄史诗《吉尔伽美什》、我国的《格萨尔王传》等。

可见，文学的源头史诗，并非始于某一个天才，而是在游吟诗人们不断传唱中慢慢形成的，最后才被人写定。换言之，《荷马史诗》曾被人们口口相传，直到后来才形成文字。

荷马和他的小向导

## 二、《伊利亚特》：阿喀琉斯的愤怒与特洛伊之战

伊利亚特是特洛伊都城的名字，史诗描写了 10 年特洛伊战争中最后 50 天的故事，用主角阿喀琉斯的两次愤怒推动情节发展，映照战争的全貌。

### （一）"一怒为红颜"的特洛伊之战

特洛伊之战的导火索就是那个金苹果。爱神阿芙洛狄忒得到

掳走海伦

"给最美的女神"的金苹果后,如约帮特洛伊的小王子帕里斯拐走了斯巴达的王后——天下第一美女海伦。

海伦和帕里斯

斯巴达国王墨涅拉俄斯（Menelaus）无比愤怒,就求大哥迈锡尼国王阿伽门农（Agamemnon）帮忙,后者召集了希腊联军,并作为联军统帅去攻打特洛伊,追回海伦。

同时,奥林匹斯神山上的众神也没闲着!他们分成两大阵营:天后赫拉、雅典娜、海神波塞冬支持希腊一方,爱神、战神、太阳神阿波罗支持特洛伊一方,而宙斯作为万神之王,表面维持公平和公正（忒提斯帮儿子求情,为凸显阿喀琉斯的主角光环,宙斯先帮了特洛伊）。

### （二）阿喀琉斯的第一次愤怒

《伊利亚特》开篇的第一个词,就是"愤怒"。

当特洛伊之战打到第九年时,希腊人也未攻下坚固的特洛伊城,反而开始了内讧——阿伽门农仗着自己是联军统帅霸占了"希腊第一猛将"阿喀琉斯最宠爱的女俘布里赛丝（Briseis）。英雄愤怒了,觉得自己受到奇耻大辱,直接退出了战斗!

这时,他的母亲海洋女神忒提斯跑去苦求宙斯,让希腊人先打败仗,好让受到侮辱的儿子被希腊人重视,以重拾他的荣誉。

果然,没了阿喀琉斯的希腊人,被打得落花流水;特洛伊勇猛的大王子赫克托尔（Hector）率兵一直杀到希腊人的兵营,还放火烧船!

希腊人苦苦哀求阿喀琉斯出战,连阿伽门农也低声下气向他赔罪,但大英雄不为所动。战势危急,阿喀琉斯的发小（好友兼爱人）帕特洛克罗斯

忒提斯苦求宙斯

奥德修斯游说阿喀琉斯

（Patroclus）穿上了阿喀琉斯的铠甲上阵，却不幸被赫克托尔杀死。

准备火葬帕特洛克罗斯

## （三）阿喀琉斯的第二次愤怒

阿喀琉斯得知好友的死讯痛不欲生，他发誓要为好友报仇雪恨！——悲伤转为他第二次强烈的愤怒。

果然，"希腊第一战神"阿喀琉斯一上阵就杀敌无数，自己却毫发无伤——因为他的女神妈妈为让他有不死之身，曾在他一出生就拎着他的右脚踝，把他浸在冥河水中接受"洗礼"，但被母亲手拎着的部分，却没沾到冥河水，成了阿喀琉斯致命的弱点。后来，他被帕里斯一箭射穿右脚踝而死——

西方谚语"阿喀琉斯之踵"就是这么来的。

史诗最高潮、最壮观的一幕,是阿喀琉斯和赫克托尔的终极对决。结局当然是凡人王子赫克托尔被半神的阿喀琉斯所杀。但敌人的死,远不足以平复阿喀琉斯的愤怒,此时英雄残暴的一面展现了出来——他把赫克托尔的尸体挂在战车后,策马拖拽泄愤(这残忍的一幕,后来被亚历山大大帝重演)……

忒提斯把儿子浸入冥河水

赫克托尔的父母亲在不远处的城墙上,亲眼看到儿子惨死不说,又见他的尸体被如此侮辱,双双痛苦到发疯……

赫克托尔的老父亲、特洛伊的国王普里阿摩斯(Priam)来到希腊人的营寨,跪求阿喀琉斯归还儿子的尸体。阿喀琉斯看着年迈的老国王,想到了自己的父亲,动了恻隐之心,同意特洛伊人用等量的黄金赎回赫克托尔的尸体。史诗在希腊人和特洛伊人的葬礼中结束。

阿喀琉斯的胜利

《伊利亚特》刻画了很多深入人心的人物，其中以两位大英雄最具代表性——

阿喀琉斯，第一战神，骁勇善战却性情暴烈，个人主义色彩极重。

赫克托尔，特洛伊有担当的大王子、保卫祖国的英雄、有责任感的好丈夫，甚至可以说是整部史诗中唯一的完美男人。

但史诗的结尾却意味深长——不管是多么勇猛的英雄，最后都有着同样无法抗拒的悲剧命运……

有人精确统计过，整部《伊利亚特》长达 15693 行。

作为悲剧性的战争史诗，其中多达 264 人死去，史诗中也描述了诗人自身所处的现实世界——有着美食美酒、爱与友谊，以及孩子堆沙丘的快乐田园生活，让人们在暴力中能获得片刻的宁静。

老国王跪求阿喀琉斯

赫克托尔和妻儿诀别

## 【必看12】世界文化遗产：特洛伊古城遗址

海因里希·施里曼

《伊利亚特》中如此惊心动魄的特洛伊战争是否让你好奇？它真的发生过吗？怀着同样好奇心的还有19世纪的德国考古学家海因里希·施里曼（Heinrich Schliemann，被誉为"现代考古学之父"），他是《荷马史诗》的头号粉丝，他坚信特洛伊城和迈锡尼城的存在。

于是，他赚到第一桶金后，持续在土耳其和希腊进行考古挖掘，运气极好的他，发掘了特洛伊（1871年）、迈锡尼（1874年）和梯林斯（1886年）几处古城遗址，轰动了整个考古学界。

特洛伊古城遗址位于今天土耳其西北部恰纳卡莱市30公里处的希沙利克的山坡上，临近达达尼尔海峡，是古代重要的贸易、文化中心。

遗址和周边地区已成为历史国家公园，并于1998年被列为世界遗产。古城遗址面积相当于3个天安门广场大小。考古学家在深达30米的地层中发现这里共堆叠了9层、跨越3000多年（公元前3000年—公元400年）的文明遗迹，一般认为，《伊利亚特》中的特洛伊古城在第6—7层。（请注意，这个层级并非像盖楼一样，一层层地覆盖）

如今古城只剩残破的砖墙，昔日的繁华，早已湮灭。不过在入口处，有个按原型建造的约2层楼高的巨大木马，又能一下子把你拉入史诗的英雄世界。古城遗址内除了有城墙、王宫，还有雅典娜神庙和小剧场等公共建筑遗迹。

另一个看点，是离特洛伊城遗址不远处的近年刚刚重建的现代化博物馆，它也是土耳其目前唯一收藏特洛伊文物的博物馆。其中一大亮点，是美国宾夕法尼亚州大学博物馆借给土耳其展出的24件、可追溯至公元前2400年的黄金首饰。据说这里最著名的文物是"普里阿摩斯国王的宝藏",但出土后被偷运到柏林,后又被苏联人带走,保存在俄罗斯的普希金博物馆。

特洛伊古城遗址入口

## 【必看13】希俄斯岛：荷马的故乡

尼亚·莫尼修道院

位于爱琴海东岸、人口约5.1万人的希俄斯岛（Chios），是希腊第5大岛、地中海第10大岛。它与希腊本土相距约100公里，离土耳其海岸仅7公里。传说希俄斯岛是伟大的诗人荷马的出生地，绰号"乳香岛"，岛上拥有一项世界文化遗产。希俄斯岛曾是爱奥尼亚12个殖民城邦之一，修昔底德称其为"爱奥尼亚最伟大的城邦"，在古代是仅次于雅典的第二文学中心。

希俄斯岛是世界上唯一出产乳香脂的地方，并在1997年获得了欧盟原产地保护认证。当地有一种只生长在此岛南部的乳香树，可提取出乳香脂，这在古代是重要的香料。据《圣经》记载，耶稣出生时，东方三博士所赠礼物希俄斯乳香、黄金、没药中，乳香排在第一位，被称为"希俄斯之泪"。

1822年，这里曾发生过残忍的"希俄斯大屠杀"。因为希俄斯岛加入了反对奥斯曼帝国统治的独立战争，土耳其人被激怒，残杀了几万名当地居民……

岛上不可错过的地方，首先是建于11世纪的尼亚·莫尼修道院（现为女修道院），它以拜占庭镶嵌画和可移动的圣像绘画而闻名，1990年被列为世界文化遗产。修道院命运多舛——1822年的大屠杀中，修道院所有僧侣全部遇难，1881年该院又遭地震毁坏。

值得一看的还有人口众多的皮尔奇小镇，镇上房屋的外墙非常独特，用一种叫"xysta"的黑白几何图案来装饰。更漂亮的是村庄的居民常挂在屋檐下的、成串的小红番茄，远远看去，像是一串串大红的佛珠。

其他不可错过的还有希俄斯考古博物馆、乳香博物馆等。

皮尔奇小镇

## 三、《奥德赛》：奥德修斯的返乡与永恒的"回家"

一百多年前，爱尔兰大作家詹姆斯·乔伊斯（James Joyce），写下巨著《尤利西斯》（Ulysses 是奥德修斯的拉丁名）。他借用《荷马史诗》的故事框架，描述了一个爱尔兰小市民布鲁姆在 1940 年 6 月 16 日这一天游荡的经历。乔伊斯借此来提醒我们——欧洲的文化源头：古希腊和希伯来。而如今，奥德赛也成了奇遇、冒险的代名词。

《奥德赛》讲的是主人公奥德修斯（Odysseus）返乡和复仇的故事。特洛伊之战打了十年之久，最后希腊才在足智多谋的奥德修斯贡献的"木马计"下，大获全胜。

**奥德修斯的木马计**

之后，各路希腊英雄都顺利凯旋，只有奥德修斯历经各种坎坷，又漂泊了十年之久。他忠贞的妻子珀涅罗珀（Penelope）一直全力守护家园、独自抚养儿子长大，但他的家园却被大批觊觎他美貌妻子和家产的王公贵族们占据，这些人还肆意挥霍他的家产。

《奥德赛》使用了从中间开始倒叙和双主线叙事的手法。史诗一开篇，是智慧女神雅典娜召集众神开会，商讨如何让希腊英雄奥德修斯返回故乡伊萨卡（Ithaca）。

我们先来看第一条主线：奥德修斯的漂泊历险记——如唐僧西天取经一般，历经九九八十一难，曲折离奇。因为始终有雅典娜帮忙，他总能脱险。

简言之，共有 12 次磨难——

## （一）海上漂泊历险记

### 第 1 难：掠夺基科涅斯，差点全军覆没

因为贪心，奥德修斯一行人离开特洛伊后，顺道又去攻打了特洛伊的盟国基科涅斯，结果遭当地人猛烈报复，他们的船队成员死伤大半。

### 第 2 难：同伴吃下忘忧果，乐而忘返

奥德修斯逃离后，又遭遇猛烈的暴风雨，被迫向非洲方向漂去。在"食莲族"人的海滩登陆后，当地人热情招待他们吃"忘忧果"（Lotos 也写作 Lotus，"乐透"彩票的英文就是这么来的）。

但吃了"忘忧果"，人就会乐呵呵地完全忘了故乡。

藏在羊身下逃出山洞

奥德修斯一见不妙，强行拉走几个吃了果子的同伴，并将他们绑在船上，赶紧逃离！

### 第 3 难：戳瞎独眼巨人，得罪海神波塞冬

这次磨难，是后来奥德修斯"霉运"不断的缘由。当漂泊到"独眼巨人"、海神波塞冬的儿子波吕斐摩斯的地盘时，他们遭遇了更大的不幸——被巨人当成口粮！

向奥德修斯献酒的魔女：喀耳刻

奥德修斯只能先假意殷勤，侍奉独眼巨人喝他带来的葡萄酒，谎称自己的名字叫"没人"。将巨人灌醉后，奥德修斯和同伴用烧红的橄榄枝戳瞎了巨人的眼睛！巨人痛苦挣扎，咆哮着"没人伤害我！没人伤害我！"结果，所有想来帮忙的巨人族误以为没事，就都走开了。奥德修斯又和同伴们藏在羊身下，逃出了巨人洞穴，但从此，他跟海神算是结下了仇。

第 4 难：风神送行，奈何同伴愚蠢

来到风神之岛时，风神埃俄罗斯（Aeolus）本来好客又善良，他只留脾气温和的西风之神泽费罗斯（Zephyrus）在外，好送英雄回家，又把狂暴的风全收在一只牛皮袋里，送给了奥德修斯。谁知奥德修斯那些又蠢又贪的同伴们，误以为袋子里装的是金银财宝，半夜偷偷打开了风袋子，导致吓人的狂风又把他们吹回了原地！但风神认为他们是亵神的人类，不再为其提供帮助。

第 5 难：遇巨灵食人族，船队仅剩一艘

漂泊到巨人国，他们一上岸，"魁梧如高大山峰"的王后，找来国王，抓起奥德修斯的同伴，就当了午餐……奥德修斯赶紧带着最后一船同伴逃脱了。

第 6 难：降服魔女，救回变猪的同伴

这次抵达的是更邪恶的险境，他们遇到了美丽诱人的魔女喀耳刻（Circe，也译为瑟茜、基尔克）。她把上岛的客人统统变成了动物——狼、狮子、长颈鹿等。奥德修斯的同伴们甚至被变成了猪！

好在有神使赫尔墨斯帮忙，奥德修斯顺利把同伴变回了人，还让魔女喀耳刻变得温顺可亲，甚至帮他出谋划策——先前往冥府听先知忒瑞西阿斯（Tiresias）的预言、不要被塞壬（Siren）女妖们的歌声诱惑、不要偷吃太阳神的牛群等等。

### 第 7 难：闯冥府，见先知问命运

奥德修斯听从魔女之言，顺利闯入冥府，不但得以和先知对话，得知归途的命运，还见到了他死去多年的母亲以及希腊的大英雄阿喀琉斯。

入冥府，问先知

### 第 8 难：塞壬女妖，听歌不上当

这一次好在有魔女提前给的提示，奥德修斯早有准备——先用蜡封住水手们的耳朵，再让人把自己绑在桅杆上。果然，当他听到塞壬女妖们凄美的声音时，他哭着、骂着让人解开他，好在水手们都听不见，从而顺利把船驶出了险境！

### 第 9 难：从一个险境，到另一个险境

这是西方谚语"从卡律布狄斯（Charybdis）到斯库拉（Scylla，也译为锡拉）"的出处，形容被困在两个险境之中。一边的怪物卡律布狄斯，每天3次吞没周围所有海水，不会吐出任何活物，而另一边的六头怪物斯库拉，一口能吃下6个人！有了喀耳刻的提前支着，奥德修斯选择靠近斯库拉，在牺牲掉6个同伴后得以过关。

### 第 10 难：偷吃神牛，冒犯日神受惩罚

尽管奥德修斯事先警告了同伴，但是他的同伴们仍然偷吃了老太阳神的牛群。结果宙斯抛下闪电，把他们的船击成了碎片！奥德修斯是唯一的幸存者，接着他又漂泊到了神女卡吕普索（Calypso）所在的小岛。

奥德修斯与塞壬女妖

### 第 11 难：长达七年，困在神女温柔乡

救了奥德修斯的卡吕普索，温柔又美丽。如同女儿国的国王想留下唐僧一样，她也想留下奥德修斯，让他不愁吃喝，还帮他获得永生。

可奥德修斯一心只想回家和妻儿团聚。直到 7 年后，宙斯派神使向卡吕普索传神谕，让她放了奥德修斯，心碎的神女才挥泪送英雄离开。

### 第 12 难：遭海难，巧遇公主救援

就在奥德修斯即将抵达家乡时，暴躁的海神仍然不依不饶，掀起狂风巨浪、打翻木筏，要置他于死地！好在英雄有雅典娜帮忙，雅典娜不但救了他，还安排美丽的公主瑙西卡（Nausicaa）带他到王宫，让父王设宴招待他。宴席上，奥德修斯听到

奥德修斯和卡吕普索

歌者在唱《特洛伊》，不由得落泪，并讲述了他这十年漂泊四方的种种遭遇（史诗是从这里开始倒叙的），老国王被深深打动，送人送物，协助他返乡。

宴席上落泪的奥德修斯

## （二）返乡潜伏复仇记

故事的另一条主线讲述的是在奥德修斯的家乡伊塔卡发生的事。

奥德修斯 20 年未归，人们都认定他已经死了，他的儿子特勒马科斯（Telemachus）虽已长大成人，但却从未见过父亲，也没有力量制止天天赖在他家胡吃海喝的达官贵人们。

而奥德修斯的妻子珀涅罗珀，不但忠贞，还富有智慧，她明白孩子还小，她也无力阻止一百多个来求婚的人。于是，她用计拖延——必须先为公公织好寿衣，才能接受求婚。

但她白天织、晚上拆，硬是这样拖了三年，直到可恶的女仆告密……从此，"珀涅罗珀的布"成为西方的谚语，表示永远也做不完的事。

不停织布的珀涅罗珀

### 奥德修斯潜伏，等待复仇

回到故土的奥德修斯，好在有雅典娜的帮忙，女神先把他变成老乞丐的样子，让他确认哪些是忠诚的仆人，哪些是叛徒，并且让他和儿子相认，一起谋划如何复仇。

扮成老乞丐的奥德修斯和妻子

奥德修斯故意先向那些在他家门口求婚的王公们乞讨，试探他们。哪怕有嚣张的求婚人用凳子砸他，英雄也忍耐不发脾气。在确定了妻子的忠贞之后，奥德修斯利用妻子的比武招亲，展开了复仇行动！

## 比武招亲场,秒变复仇屠场

珀涅罗珀的比武考题是拉开奥德修斯的弓,并一箭穿越 12 把铜斧的圆孔。做到者,她才嫁。然而,这些求婚的人中,没有一个能拉开弯弓。而如神一般的奥德修斯,轻松拿起自己熟悉的弓箭,一箭穿越了一整排斧头的圆孔!

复仇的奥德修斯

此时,那些求婚人却不知道,死亡的绳索已缚住他们每个人!

忠心耿耿的仆人们,早已关好大门,以防求婚者逃窜。奥德修斯和儿子、仆人们一起,先是用弓箭,随后用长矛,将无赖的求婚者统统置于死地……

## 夫妻团聚,神明出手维和平

最后,珀涅罗珀利用奥德修斯亲手用橄榄树桩做婚床的秘密,才终于和 20 年未见的丈夫相认,夫妻团聚!

可事情还没结束,求婚者的家族结成了同盟,要来找奥德修斯复仇,战争一触即发。最终,是雅典娜、宙斯出面,才制止了杀戮、维护了伊萨卡的和平。

荷马史诗至此结束。推荐读者亲自读一读,因为它是历史上最著名、影响最大的史诗,也是古希腊神话最早、最重要的文字记录,是古希腊人从小就背诵的主要教材。

史诗还树立了诗歌艺术的最高典范——兼有精妙的言辞和诗的格律,是"古典韵律学"的第一个伟大成就。

授予荷马最高荣誉

## 【必看14】伊萨卡岛：奥德修斯心心念念的故乡

在爱奥尼亚群岛中，伊萨卡是一座小小的却又神秘的岛。《奥德赛》中，它是英雄奥德修斯的传奇故乡。尽管只有96平方公里，但它未受污染的风景，加上古老的传说，让它的魅力堪比诗歌，吸引着无数旅行者。现代希腊诗人卡瓦菲斯的《伊萨卡岛》在当地相当有名。

### 伊萨卡岛

当你启程前往伊萨卡
但愿你的道路漫长，
充满奇迹，充满发现。
莱斯特律戈涅斯巨人，独眼巨人
愤怒的波塞冬海神——不要怕他们
你将不会在途中碰到诸如此类的怪物，
只要你高扬你的思想，
只要有一种特殊的感觉，
接触你的精神和肉体
……
而如果你发现它原来是这么穷，
那可不是伊萨卡想愚弄你
既然那时你已经变得很聪慧，并且见多识广，
你也就不会不明白，这些伊萨卡意味着什么

但这里至今依然没有机场，人口也在不断减少，游客只能先飞到帕特雷（或凯法利尼亚岛、科孚岛）的国际机场，再乘渡轮来这里——这种旅程，本身就是一次"奥德赛"。

瓦西镇是伊萨卡的首府，坐落在一个天然海湾中，风景如画——多彩的海滨房屋、色彩斑斓的渔船、新古典主义建筑、繁华的港口交织在一起。

来到这里的游客可以去探索一下岛上和奥德修斯有关的遗址，如女神洞穴、荷马学校等，或再看看伊萨卡的考古博物馆以及能欣赏到全岛风景的圣安德烈教堂。

俯瞰伊萨卡岛

## 四、古希腊抒情诗人：萨福和品达

诗歌，是人类最古老的口头文学形式。

古希腊的抒情诗是从民间歌谣发展而来，在乐器的伴奏下吟唱的（如同今天我们哼唱的流行歌曲），与我们古代的《诗经》一样，质朴又动人。

在众多的古希腊抒情诗人中，影响力最大的，要数萨福和品达（亦译为品达罗斯）了。

萨福

萨福（Sappho，约公元前 610—前 570 年）：西方文学史上第一位女诗人，开创了个人"独唱"；品达（Pindaros，约公元前 518—前 442 或 438 年）：古希腊九位抒情诗人之首，被誉为"不朽的品达"。

### （一）萨福：第一个女诗人

在西方文学史上，如果荷马被誉为"文学之父"，那萨福便是"文学之母"——她是第一个吟唱爱情的诗人，是最早的有史可查的女诗人。

柏拉图说萨福是第十个缪斯女神，人们把她写入诗中、绘入画中、铸在钱币上。萨福的"头衔"很多，她甚至成了整个西方文学世界的传奇。

这样的女诗人，总让人浮想联翩，但其实 2000 多年后的我们，对萨福的真实人生了解极少，所知的

《帕纳索斯山》下方左五为萨福，上方蓝衣戴桂冠的老人为荷马

萨福与法翁

跳海前的萨福

大多是传说、演绎。

萨福出生在莱斯沃斯岛的一个贵族家庭。

殷实的家境和喜爱诗歌的父亲，使她得以自由地学习艺术、诗歌。因卷入政治事件，她被流放到西西里岛，但在那里，她的诗歌轰动了当时整个古希腊世界。

之后，她载誉而归，在家乡开办了女子学堂，教年轻的贵族女孩们诗歌、音乐、仪容和恋爱技巧——这可能是历史上第一所"美仪学校"。

很多作品都描写说萨福曾嫁给一个富人（但无可考证），并生下一个女儿（诗中有写），又因爱上俊美的法翁而不得，跳崖自尽（也无可考证）……

### 女诗人的独特表达

萨福之前的诗歌，用的是"歌队"的合唱，而她开启了一人"独唱"，韵律自成一派。从此，古希腊诗歌形成独唱与合唱的表现形式。

萨福一改前人只讴歌众神或英雄的传统，用第一人称无拘无束地发出女性的声音，歌颂厄洛斯（Eros，爱与欲）、爱人，可谓惊世骇俗，但也曾饱受诟病。

正如《诗经》中的《关雎》，是中国爱情诗歌的发端；萨福的诗歌，则是西方爱情诗歌的发端。

### 萨福诗歌节选欣赏

中世纪，基督教会认为萨福的诗有伤风化，曾下令销毁她的所有诗作，以致如今仅存一点断章残句。但在残存的诗行中，你仍然能感受到她浓烈的情感、鲜活的率真。

下面节选水建馥先生翻译的《古希腊抒情诗选》中的两篇萨福的诗作，供赏析。

### 暮　色

晚星带回了
曙光散布出去的一切
带回了绵羊，带回了山羊，
带回了牧童到母亲身旁。

德墨克利特在《论风格》中引用了这首诗，故得以保留。他认为萨福连续使用4次"带回了"很有特色。

### 在我看来那人有如天神

在我看来那人有如天神，
他能近近坐在你面前，
听着你甜蜜
谈话的声音，

你迷人的笑声，我一听到，

心就在胸中怦怦跳动。

我只要看你一眼，
就说不出一句话，
我的舌头像断了，一股烈火
立即在我周身流窜，
我的眼睛再也看不见，
我的耳朵也在轰鸣，

我流汗，我浑身打战，
我比荒草显得更加苍白，
我恹恹的，眼看就要死去。
……
但是我现在贫无所有，只好隐忍。

萨福和阿尔凯奥斯

　　这首诗被朗吉弩斯的《论崇高》引用，得以流传下来，朗吉弩斯认为诗人能把情人的那种因嫉妒而产生的心理、听觉、视觉等细致感受都表达出来，很高妙。

## 【必看15】莱斯沃斯岛：萨福的故乡

位于东北爱琴海、有着8.4万人口的莱斯沃斯岛是希腊第3大岛、地中海第8大岛，也是古希腊伟大的女诗人萨福的故乡，首府是米蒂利尼。最让岛上居民骄傲的，除了萨福外，还有传说中的音乐家俄耳甫斯（被酒神的女祭师撕碎后，他的头颅漂到了莱斯沃斯岛上）、公元前7世纪的著名音乐家和诗人特尔潘德（Terpander），以及岛上所产的乌佐酒（销量约能达到全球烈酒销量的一半）。

莱斯沃斯岛

莱斯沃斯岛面积很大，岛上风景各有特色——既有熙熙攘攘的海滨沙滩、繁忙热闹的码头，也有宁静的小山村、茂密的橄榄树林、被森林覆盖的葱茏山脉、万年石化森林奇景、多沙的盐沼等。

不可错过的地方，首先是埃雷索斯（Eressos），这里是古文记载的萨福的出生地。游客可漫步在古老街道上，想象着和古希腊的伟大女诗人一起，走着同一条路看着相同的风景，还能在广场上向她的雕像致敬。

其次是莱斯沃斯万年石化森林，这是探索和了解岛上自然历史的好地方，它是世界上保存最完好的石化森林遗址之一，大约1500万到2000万年前，因火山活动而石化，是极罕见的地质景观。

最后是风景迷人的莫利沃斯古城堡，在这里拍照非常出片。

莱斯沃斯万年石化森林

另外，能帮人们放松身心的天然温泉所在地埃夫塔卢和清澈平缓的海滩圣·伊西多罗斯也是游客比较集中的景点。

但值得一提的是，近年来岛上因难民问题而备受困扰，如果前往，一定要注意安全。

## （二）品达：古希腊抒情诗人之首

品达出生于著名的城邦底比斯（Thebes）的一个贵族家庭。他被誉为"不朽的品达"，位列古希腊九大抒情诗人之首。

底比斯人为他编了个美好的故事，说有一天他在田野中睡着了，几只蜜蜂停在他的嘴唇上并滴下了蜂蜜，所以他能作出大气磅礴的诗。

1世纪罗马的修辞学家昆体良（Quintilianus）评价说："在抒情诗人中，品达无与伦比——他典雅的风格、格言警句般的语言、恰当的修辞、行云流水般的言辞，都无可匹敌。"

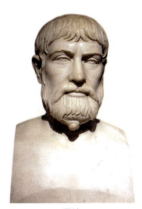

品达

美国当代著名的古典文学家依迪丝·汉密尔顿（Edith Hamilton），也在其《希腊精神》一书中评价说："品达是古希腊最后的贵族，也是荷马之后最伟大的代言人。"但她也说："品达的诗，是最接近音乐的，也是最难读懂、难翻译的。"

有记载说，亚历山大大帝在品达去世一百多年后，扫平当时反叛的底比斯时还特别下令不得损害诗人品达的故居。

品达诗歌的两大风格特点

品达擅长用比喻，且言语壮丽。他这样赞颂奥林匹亚运动会：

正如在白天，天空中没有任何星星，比太阳更温暖、更明亮；
同样，也没有任何比赛，比奥林匹亚更伟大！

他赞颂自己的诗歌：

我要用我燃烧的诗歌，点燃这座城邦，
我的诗，会传遍大地的每个角落，它比奔驰的骏马、添翼的战舰还要迅速。

品达擅长写箴言，诗中充满警世的劝诫：

有美德点缀的财富，才是人的真正光彩。

不要希求长生不死者的生活，你们要尽享你们的所有和你们的所能。

有生之人成长的欢乐时光如此短暂，绽放的花朵也因严酷的命运很快就凋落枝头。

朝生夕死，不知晦朔。我们是什么，我们又不是什么。人生无非是幻影之虚梦。

品达诗作节选欣赏

品达颂诗的结构，一般由前奏、神话、尾声三个部分组成，由合唱队咏唱出来，大气又华美。但我们今天读起来，就很难感受其魅力了。

下面节选《献给卡玛里那城的普索米斯的颂歌》（节选自水建馥先生译《古希腊抒情诗》），供欣赏。

此诗是献给西西里岛卡玛里那城（Camarina）贵族普索米斯（Psaumis）的，他获得公元前452年奥林匹亚赛车竞技的冠军后荣归故里。故乡的民众为他欢呼、游行，还请品达为他写下了这首赞美的颂歌。

雷霆的投掷者——脚步不倦的至高宙斯！
你的女儿"时光"（指时序三女神），在华彩的竖琴声中旋舞，
送我来为那最崇高的竞赛作赞歌。
朋友成功后，高尚的人听见甜蜜捷报
立刻就会兴高采烈。
克洛诺斯的儿子（指宙斯），
你拥有那习习多风的埃特纳（西西里岛的著名火山），
你在那山下囚禁过百首的巨怪台风（也译为提丰，是美惠女神的反面）
请你快来欢迎这位奥林匹亚胜利者，
为美惠女神们而来欢迎这支庆祝队伍，

底比斯古城的风景

这队伍象征一种强大力量的不朽光辉,
这队伍来庆祝普索米斯的赛车,他头戴橄榄桂冠,
一心为卡玛里那城争光。愿天神慈悲,
照顾他的祈求,因为我所称颂的人
热心培养骏马,
喜欢接纳四方的宾客,
他纯洁的心集中于热爱城邦的和平。
我要说的话不掺假,
"考验能测验出一个人"。

因此,楞诺斯岛的妇女
后来对克吕墨诺斯的儿子(夺取金羊毛的英雄之一)
才不再不尊重。
他穿上铠甲赛跑获得胜利,

他戴上花冠对许西庇（岛上的公主）说：

"瞧，我跑得最快，心和手都跟得上。还未到中年，年轻人时常也会白头。"

品达用"少白头"的神话人物典故来歌颂同样"少白头"但却取得冠军的普索米斯，恰如其分，同时给出了"人不要未老先衰"的道德劝诫。

## 五、古希腊悲剧为何能净化心灵？

你知道古希腊悲剧在西方有着什么样的地位吗？

英国哲学家怀特海（Alfred North Whitehead）认为，近代的科学革命之所以会在西方出现，是因为古希腊的悲剧、古罗马的法律和中世纪的信仰，这三者，滋养了西方人的心灵。有了实事求是的科学精神，才会有后来的科学革命。可见古希腊悲剧，在西方的地位是何等的重要。

在了解古希腊三大悲剧大师和他们的代表作之前，我们有必要先了解亚里士多德在《诗学》里总结的"古希腊悲剧六要素"。结合它们来看，收获一定会更大。

### （一）悲剧六要素

剧情：有什么样的故事情节，这最为重要，它是悲剧的灵魂。

人物：剧中都有谁？谁是主角？品格如何？

思想：这部剧和剧中的人物，要传达什么思想？

语言：人物之间的对话、独白，都有什么特色？

唱段：有什么样的背景音乐烘托剧情？

场景：包括服饰、化妆、道具在内的戏剧场景。

为了便于记忆，我梳理了一张表格，能一目了然地认识古希腊的三大悲剧大师及其代表作。

古希腊三大悲剧大师

| 人名 | 生活年代 | 荣誉 | 代表作 |
|---|---|---|---|
| 埃斯库罗斯<br>（Aeschylos） | 前 525—前 456 年 | 古希腊悲剧之父 | 《被缚的普罗米修斯》<br>《俄瑞斯提亚》 |
| 索福克勒斯<br>（Sophocles） | 前 496—前 406 年 | 戏剧界的"荷马" | 《俄狄浦斯王》<br>《安提戈涅》 |
| 欧里庇得斯<br>（Euripides） | 前 480—前 406 年 | 舞台上的哲学家 | 《美狄亚》<br>《特洛伊妇女》 |

## （二）埃斯库罗斯

埃斯库罗斯是第一个真正创造了戏剧的人，他为戏剧增加了第二个人，并改进了服装、道具，比如，让演员穿上高跟鞋、戴上面具等。

他 41 岁时拿下了雅典第一届悲剧大赛的"悲剧作家 + 演员"的双料桂冠。他还参加过著名的马拉松战役，是一个珍视荣誉的勇士。他最著名的作品是《被缚的普罗米修斯》和《俄瑞斯提亚》。

埃斯库罗斯

### 《被缚的普罗米修斯》

《被缚的普罗米修斯》是三联剧里中间的一部，另外两部是《持火的普罗米修斯》和《被释的普罗米修斯》。故事取自古希腊神话，说的是宙斯的堂兄普罗米修斯（Prometheus，有先见之明的意思），预见到奥林匹斯众神会战胜老一代的泰坦神，所以就帮着宙斯打赢了第一次神界大战，还创造了人类。但宙斯担心人类会不服管教，想要彻底消灭人类！

这让普罗米修斯很气愤，他要拯救自己的作品——人类。于是，他不但违背宙斯的旨意，盗取天火，还教人类生活所需的技艺。宙斯知道后，勃然大怒！先用"潘多拉的罐子"（开始是"罐子"，"盒子"是后世的演绎）报复人类，紧接着又惩罚盗火者。这就是《被缚的普罗米修斯》的故事前情。

宙斯让火神打造了铁链，把普罗米修斯锁在黑海边的高加索山上，还派

火神做铁链，神使当说客

被缚的普罗米修斯

来老鹰，每天啄食他的肝——因为神是不死之躯，所以普罗米修斯的肝每天会长出来，折磨无休无止……

神使赫尔墨斯来劝他投降，但英雄可以被毁灭，却无法被征服！普罗米修斯宁可忍受苦难，也决不屈服！因为他知道：命运不可抗拒，连宙斯也一样。如果不听从他的预言，宙斯也会被推翻。

最后，埃斯库罗斯在《被释的普罗米修斯》中写道，大英雄赫拉克勒斯在完成12件任务的途中，救下了普罗米修斯，普罗米修斯才向宙斯说出了预言：不可娶海洋女神忒提斯。

### 《俄瑞斯提亚》

埃斯库罗斯的另外一部经典《俄瑞斯提亚》（也译为《俄瑞斯忒斯复仇记》）是埃斯库罗斯唯一流传下来的三联剧，被誉为《荷马史诗》后最伟大的成就。

全剧分为《阿伽门农》《奠酒人》《复仇女神》三部，主要故事情节围绕特洛伊战争前后的阿伽门农家族展开。

阿伽门农竟为了自己的权欲，杀了亲生女儿伊菲革涅亚（Iphigenia），祭神求风，只为战船能顺利启航……

十年后，报应来了。当阿伽门农打赢战争，得意地带着战利品——特洛伊公主卡珊德拉凯旋迈锡尼时，他的王后克吕泰涅斯特拉早已有了情人。克吕泰涅斯特拉血腥地砍死了阿伽门农，为冤死的女儿报仇！

紧接着，又是一系列的血亲仇杀——

阿伽门农的小儿子俄瑞斯忒斯和姐姐联手，为父报仇，杀了母亲和她的情人，犯下了杀害血亲的重罪！他被复仇女神一路追杀，只得四处逃亡，最后俄瑞斯忒斯依照阿波罗的神谕，来到雅典娜的战神山法庭寻求智慧女神雅典娜的公平审判（这是人类历史上有记载的第一次法庭审判）。智慧女神判他无罪，因为：

第一，克吕泰涅斯特拉谋杀亲夫，有罪。

第二，俄瑞斯忒斯为父亲报仇，无罪；理由是他和父亲一脉相承，有血亲关系，和母亲却没有血亲关系。

这似乎也从侧面说明，当时已是父系社会，法律代替了私仇相杀。

特洛伊公主卡珊德拉

阿伽门农被杀

复仇女神追杀俄瑞斯忒斯

## （三）索福克勒斯

索福克勒斯的一生被誉为"生前完满，身后无憾"。他作为伯里克利统治时期的十将军之一，还指挥过雅典海军作战。他长寿且在文学创作上多产，活到 90 岁，据说创作了 113 部作品（但现在仅存 7 部），以《俄狄浦斯王》和《安提戈涅》最为著名。

索福克勒斯作品中的人物，都个性鲜明、性格坚忍，能不断地和厄运斗争，体现了人的尊严和人对待命运的态度。

索福克勒斯的代表作《俄狄浦斯王》，讲述了一个人奋力反抗命运，却在无意中应验了

索福克勒斯

"弑父娶母"悲惨命运的故事。

## 《俄狄浦斯王》

底比斯的国王拉伊俄斯（Laius），婚后一直无子，就去德尔斐求神谕，却得到可怕的预言——你会有一个儿子，但他将来会弑父娶母！

拉伊俄斯殷切地盼望王后能生下女儿，却事与愿违，王后生下了一个儿子。为了逃脱厄运，拉伊俄斯残忍地命人刺穿并捆住新生儿的脚，再将其扔到山谷里喂狼。

俄狄浦斯破解斯芬克斯之谜

不过，这个孩子很幸运，先被王宫里的牧羊人救起，又被送给了科林斯膝下无子的波吕波斯（Polybus）国王夫妇，他们视孩子为己出，并取名俄狄浦斯（意为"肿胀的脚"），将其抚养长大。

成年的俄狄浦斯，有天无意中得知神谕说自己将来会弑父娶母。为了求证，他前往德尔斐，但神谕不容怀疑——你将会弑父娶母，并生下可鄙的子女！

俄狄浦斯万分惊恐，为躲避可怕的命运，他决定不再回科林斯，他在自我放逐的路上遇到一行人，这些人行为粗暴，车上的老人还用拐杖打了他！愤怒的年轻人挥起木棒，把这些人都打死了。只有一个仆人侥幸逃走，而这个仆人正是当年救了俄狄浦斯的牧羊人（即后来的关键证人）。

车上凶狠的老人正是俄狄浦斯的生父——拉伊俄斯！讽刺的是，他此行是为了求问神谕，他的儿子是否已死。结果还是逃不脱命运的安排。

俄狄浦斯接着来到了生父的国家底比斯，破解了人面狮身怪物斯芬克斯

（Sphinx）的谜语——"有四只脚、三只脚和两只脚的是什么动物？而且脚越多，越虚弱？"

俄狄浦斯从容答道："是人！因为当人是婴儿时，要四只脚爬着走；长大后，要两只脚站着走；年老了，要拄着拐杖，三只脚走；所以，婴儿最弱，老人次之。"

怪物听到谜语被破解，恼怒地跳崖自尽了。俄狄浦斯因为解救了底比斯，被拥戴为新国王，并按习俗娶老国王的王后为妻。就这样，毫不知情的俄狄浦斯，一步步应验了神谕……

俄狄浦斯和王后共度了 20 年的幸福时光，育有两儿两女，国家也治理得很好，直到一场瘟疫，打破了他们平静的生活，真正的悲剧开始了。

神谕提示必须找到并惩罚杀害老国王的凶手，灾祸才会离开城邦。在追查凶手的过程中，俄狄浦斯才惊骇地发现——他自己就是杀父的凶手！神谕

俄狄浦斯的自我放逐

应验!

得知真相的王后,绝望地上吊自尽……俄狄浦斯抱着死去的王后(自己的生母),痛苦得发疯!他刺瞎了自己的双眼,为了解救底比斯,他恪守誓言,宣布把自己逐出城邦!最后,他在大女儿安提戈涅(Antigone)的搀扶下,永远离开了城邦……

《俄狄浦斯王》被看作是悲剧的典范,亚里士多德在《诗学》中,称赞它是"十全十美的悲剧"。哪怕2500多年过去了,这部剧仍然在世界各地的剧院中频繁地上演。

这部悲剧的伟大之处就在于它说明了一个道理:即使命运不可抗拒,但人仍可用自己对待命运的态度,获得尊严和救赎。

后来,心理学家弗洛伊德还提出了著名的、争议颇多的"俄狄浦斯情结",即恋母情结。

### 《安提戈涅》

这是索福克勒斯的另一名作,写的是俄狄浦斯在自我放逐后,底比斯发生的家族惨剧,以表达公民反抗暴政的主题。

安提戈涅的两个哥哥,为争夺王位手足相残。其中,安提戈涅的二哥娶了邻国阿尔戈斯的公主,又带着阿尔戈斯的人马来攻打自己的祖国,结果兄弟俩同归于尽。

他们的舅舅克瑞翁(Creon)重登王位,并且下了"禁葬令"——不许任何人埋葬安提戈涅的二哥,因为他是勾结外邦的叛徒,必须暴尸荒野!但勇敢的安提戈涅不畏强权,冒死安葬了哥哥,因为她和所有的希腊人一样,相信死者无罪,

安提戈涅埋葬哥哥

如若死者得不到埋葬，其灵魂将永不安宁。

国王克瑞翁专横霸道，不顾儿子海蒙（Haemon）的反对，把安提戈涅囚禁在墓穴内，当海蒙赶去营救时，却发现爱人已悲惨死去……

海蒙拔剑自尽殉情，王后因为儿子自杀，也痛不欲生地自杀了。最后，拥有权力的克瑞翁落得孤家寡人一个，追悔莫及。

### （四）欧里庇得斯

欧里庇得斯被称为"舞台上的哲学家"。他经历了伯罗奔尼撒战争，这场打了21年的仗，让雅典走向衰落。这样的人生经历，让他开始怀疑一切、批判一切。所以，他的作品有两个明显的特点：一是剧中人物有很多内心独白；二是普通人（尤其以当时地位更低的女性为甚）取代"神和英雄"，成为主角。这也标志着古希腊英雄悲剧的终结。

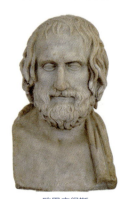

欧里庇得斯

欧里庇得斯的巅峰之作是《美狄亚》，我们已经知道这部剧的大概背景——伊阿宋为了当国王，抛弃了当初帮他拿到金羊毛、为他付出一切的美狄亚。美狄亚为复仇，杀死了丈夫的新欢，但他们的孩子又惨遭情敌的族人们杀害。

可欧里庇得斯却为这个故事，改编了一个让人极度不适的结局——他让美狄亚亲手杀死自己的两个孩子！这样的结局，给人带来了极大的心理震撼，也让《美狄亚》成了传世经典。

#### 《美狄亚》

开场由仆人交代背景，他说美狄亚是个好女人，为了伊阿宋，背叛了祖国和亲人，如今却被伊阿宋无情抛弃，伊阿宋要再娶科林斯的公主。科林斯国王还前来驱逐美狄亚母子三人，这成了压垮美狄亚的最后一根稻草。

接着是美狄亚控诉不公，这也许是西方文学史上，一个女人第一次有机会当众说出女人的痛苦：

一个男人同家里的人住得烦了，可以到外面去散散他心里的郁积，可是我们女人就只能靠着一个人。

他们男人反说我们安处在家中，全然没有生命危险；他们却要拿着长矛上阵，这说法真是荒谬！我宁愿提着盾牌打三次仗，也不愿生一次孩子！

美狄亚母子

第二场戏，负心人伊阿宋出现了，他竟无耻地说，娶公主并不是不爱美狄亚了，这只是为了她和孩子们着想。看到这一幕，相信你会和美狄亚一样，因这个负心人的无耻而愤怒！于是，接下来的两场戏，就都是美狄亚的报复了——

她假装想开了，让两个儿子跟着父亲去给他们未来的后妈科林斯的公主，献上皇冠和婚服。但衣服早被浸入了剧毒，当公主高兴地穿上衣服时立刻着火，不但公主被活活烧死了，连前来救她的科林斯国王也一起惨死。

但这些，并不能熄灭美狄亚心中熊熊燃烧的怒火，她还要杀死两个儿子，来惩罚他们的父亲，因为只有这样，才能让伊阿宋痛苦！这里出现了全剧最深入人心的一段独白，一个母亲绝望到要杀死亲骨肉时那种撕心裂肺和絮絮叨叨——

唉，唉！我的孩子们，你们为什么拿这样的眼睛望着我？为什么向着我最后一笑？哎呀！我怎么办呢？朋友们，我如今看见他们这明亮的眼睛，我

美狄亚杀子

的心就软了!我决不能够!我得打消我先前的计划,我得把我的孩儿带出去。为什么要叫他们的父亲受罪,弄得我自己反受到这双倍的痛苦呢?这一定不行,我得打消我的计划。——我到底是怎么的?难道我想饶了我的仇人,反遭受他们的嘲笑吗?我得勇敢一些!……可怜的人呀,你放了孩子,饶了他们吧!……这一定不行,我不能让我的仇人侮辱我的孩儿!无论如何,他们非死不可!既然要死,我生了他们,就可以把他们杀死……

在最后一幕的退场戏中,伊阿宋赶来,看到的却是孩子们的尸体……他诅咒邪恶的妻子,但美狄亚咒骂他才是罪魁祸首!

最后,美狄亚乘着龙车,带着孩子们的尸体飞走,全剧终。

美狄亚和伊阿宋

## 【必看 16】古今艺术中心：卫城脚下的两个著名古剧场

雅典卫城脚下，有两个著名的古剧场，人们常常容易混淆。其实这两个古剧场，从建造的历史背景到用途都不同。

### （一）狄俄尼索斯剧场

- 【位置】雅典卫城南坡
- 【文化意义】酒神崇拜场所、古希腊悲剧的诞生地
- 【观众容量】最多可容纳 15000 人
- 【建筑风格】古希腊天然半圆形布景建筑
- 【历史背景】建于古希腊时代，为纪念酒神而建

酒神剧场的雕塑

最早建于公元前 6 世纪的狄俄尼索斯剧场（也称酒神剧场），年代久远，文化底蕴深厚。酒神剧场是古希腊悲剧的发源地和三大悲剧作家代表作的见证地，它见证了埃斯库罗斯、索福克勒斯、欧里庇得斯经典戏剧的首演。

最初，剧场是献给酒神狄俄尼索斯的，作为酒神节的崇拜圣地，并被用于各种宗教节日、比赛、表演。剧场呈半圆的扇形，朝雅典娜神庙方向升高，面向山和海。当人在舞台中央祈求或表演，观众都能方便地听到、看到；舞台后面还有一个布景小屋，萨摩斯岛的著名画家阿加萨库斯（Agathachus）还专门为布景小屋画上了有纵深感的背景。

如今剧场已不再使用，但前往参观的游客却络绎不绝——大家都想去古希腊三大悲剧作家来过的地方朝圣！

从卫城向下俯瞰酒神剧场

## （二）希罗德·阿提库斯剧场

【位置】雅典卫城西南坡

【文化意义】古罗马风格的音乐表演、节日场所

【观众容量】最多可容纳 5000 人

【建筑风格】古罗马拱门式三层舞台建筑

【历史背景】建于古罗马时代，希罗德为纪念逝去的妻子而建

希罗德·阿提库斯剧场（雅典人俗称"小剧场"），是人们进入雅典卫城景区最先看到的古迹，再向前走才是进入卫城的山门。它是古罗马的元老希罗德为纪念逝去的妻子而建的，建于公元 161 年。据旅行家和希腊地理史学家保萨尼亚斯（Pausanias）的描述，它是"同类建筑中最好的"。公元 267 年，剧场被日耳曼人摧毁，后来历经多次修复，至今仍被用于举办音乐会、戏剧、芭蕾舞表演等，希腊著名的男高音歌唱家帕瓦罗蒂、音乐人雅尼、我国著名的钢琴家郎朗，都曾在这里表演过。

希罗德·阿提库斯剧场

你可以在每年夏季举行的雅典 - 埃皮达鲁斯艺术节期间，坐在这个拥有 1800 多年历史的艺术殿堂里，一边欣赏雅典卫城和古剧场的雄伟，一边体验充满活力的希腊文化。

# 第3辑
# 哲学与智慧

## 一、前苏格拉底时代哲学家

古希腊的哲学是西方哲学的源头,也是辉煌的古希腊文明留给后世的两大财富——"民主与理性"中的"理性"的源头。

我们以苏格拉底为界,按前、中、后三个阶段,就能迅速理解古希腊哲学的发展脉络了。

前苏格拉底时期的哲学家主要的代表人物有泰勒斯(Thales)、毕达哥拉斯(Pythagoras)、巴门尼德(Parmenides)、赫拉克利特(Heraclitus),他们的共同点是不再满足只用神话来解释世界,开始探究世界的本原到底是什么?为此,他们用了两个不同的视角。

一个是从自然(物质)的角度,认为世界是由水、火、土、气等组成,比如泰勒斯说万物的起源是"水"。

一个是从抽象(形而上学)的角度,把世界的本原归为"逻各斯""数"和"存在"等概念,比如毕达哥拉斯说万物的起源是"数"。

### (一)泰勒斯:西方第一位哲学家、科学家

泰勒斯是你打开任何一本讲西方哲学史的书,几乎都会最先提到的人。他生活于公元前7—前6世纪,大致相当于我国春秋时期中期。他的出生地米利都(Miletus,今属土耳其),是古希腊繁华的海上贸易之都。

他是哲学之父——他第一个提出了"世界的本原是什么"的哲学思考。他和弟子们被称为"米利都自然哲学派"。

他是科学之父——他划时代地贡献了"命题证明"的思想,使古代数学开始发展出严密的体系,"泰勒斯定理"就以他命名。

他是第一个把一年的长度修定为365天的人;他还确认了小熊星座,帮助了航海事业,对天文学贡献很大。

你知道为什么西方哲学以公元前585年5月28日作为诞生日吗?

因为这天被泰勒斯预言到太阳会变黑、白天会变成黑夜。巧的是,此日有两帮人马(吕底亚人和米堤亚人)正在打仗。突然之间,天昏地暗,太阳不见了!双方都吓傻了,立刻停战言和。而这次对日全食的准确预测,让泰勒斯名声大噪——要知道,以前是只有阿波罗神庙,才能发布预言!

泰勒斯

主管天文学的缪斯女神与泰勒斯

关于泰勒斯，还有两则趣事，很有意思。

### 哲学家会赚钱

如果要写对冲基金的历史，泰勒斯可称第一人。他通过天文学的知识，在冬天就预测到来年橄榄会大丰收，于是他用极低的成本，或买或租了很多榨油坊（一说榨油工人）。次年，橄榄果然大丰收，榨油坊极为抢手，泰勒斯将提前或买或租的榨油坊转手高价出租，立刻赚了一大笔！

亚里士多德曾评价此事——只要哲学家们愿意，他们很容易致富；只不过，这并不是他们的追求。

### 仰望星空，却掉进坑里

话说，有天泰勒斯因观天象过于专心，不慎掉入坑中，身边的侍女看到后哈哈大笑："主人啊，你地上都还没看清哩，就想着看天上！"（出自柏拉图的对话录，经苏格拉底之口讲出）。不过，德国哲学家黑格尔后来用一句名言，为他解了围——只有永远躺在坑里的人，才不会掉进坑里。

## 【必看 17】米利都：古希腊哲学的发源地

泰勒斯出生的港口城市米利都，在安纳托利亚西海岸上，今属土耳其（瑟凯市南约 30 公里处），这里是古希腊哲学的发源地，也曾是欧亚非三大洲文化、贸易的中心，《伊利亚特》就描述过这里，希罗多德（Herodotos，古希腊历史学家）也称赞这里"空气和气候，为普世之冠"。

"米利都市场大门"

早在公元前 1000 年，古希腊的爱奥尼亚人就来到这里。在爱奥尼亚的 12 城邦中，米利都在最南端。公元前 6 世纪时，米利都是古希腊最富有的城市；公元前 334 年，米利都被亚历山大大帝征服。

米利都繁荣的经济、舒适的气候，发展出了古希腊贡献给全世界最特殊的两个礼物——科学和哲学。这里诞生了敢于探讨"世界本质"的一批思想家——泰勒斯、阿那克西曼德（Anaximandros）、阿那克西米尼（Anaximenes）等。

现在，米利都遗址隐没于一片荒草之中，但却是到土耳其旅游不可错过的古希腊遗迹之一。它融合了古希腊、古罗马的风格，保留的遗迹仍让人惊叹。遗址区有南、北两个市集，还有残存的市场廊柱厅。17 米高、29 米宽的"米利都市场大门"（可追溯至公元 120 年），现存放在德国柏林的佩加蒙博物馆。

米利都其他著名景点包括阿波罗神庙、规模宏大的古剧场（建于公元前 4 世纪，可容纳 1.5 万人），还有罗马五贤帝之一的马可·奥勒留为妻子建造的福斯蒂娜浴室遗迹以及伊利亚斯贝清真寺等。

## （二）毕达哥拉斯：发明"哲学"一词的数学家

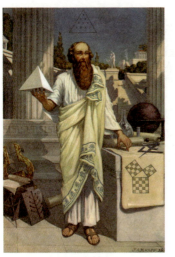

毕达哥拉斯

毕达哥拉斯，约公元前580—前570年，出生于古希腊的萨摩斯岛。

毕达哥拉斯是天才的数学家，他发现了毕达哥拉斯定理（即勾股定理），这是人类第一次把"数"与"形"相结合。

他提出了"数"是万物本原的思想。这是人类第一次用看不见、摸不着的"数"，来解释看得见的万物，开启了用"抽象思维"把握事物本质的哲学之路。

他发明了"哲学"一词（Philosophia，爱智慧）。Philia，指一种朋友间的爱，温和、理性且长久；Sophia，智慧，指能对外在世界和内在人生，有完整、根本的理解。

他是会用数学研究音乐的人，他发现了旋律、节奏、乐音与弦长的关系，为音乐理论奠定了基础。

他还是一个神秘"教派"的创始人，教派的主要教义就是"灵魂轮回和吃豆有罪"——这是罗素在《西方哲学史》中的精辟总结。因为，毕达哥拉斯的"教派"有很多奇怪的规矩，比如禁食豆子、不能在灯旁照镜子、不能掰开面包、先洗左脚、先穿右鞋等等。

毕达哥拉斯"教派"迎接日出

## 【必看18】萨摩斯岛：毕达哥拉斯的故乡

萨摩斯岛（Samos）是希腊的第九大岛，在希腊爱琴海东南部，紧挨着土耳其，公元前3000年，这里就产生了人类文明。萨摩斯岛不仅是传说中天后赫拉的降生地，也是毕达哥拉斯、伊壁鸠鲁（Epicuros）、伊索（Aesopos）的故乡。

俯瞰萨摩斯岛

岛上的毕达哥利翁（Pythagoreion）和赫拉神庙遗址，于1992年被列入世界文化遗产名录。

毕达哥利翁曾是岛上的中心城市，也是此岛主要考古遗址的发现地。在这里，你可以看到很多古希腊、古罗马时期的建筑和遗迹，包括让人叹为观止、长达1公里的欧帕里诺斯隧道，它代表着萨摩斯岛在建筑上的成就。

献给天后赫拉的神庙，在毕达哥利翁西南几公里处，最早建于公元前750年，是比雅典卫城的帕特农神庙还大4倍的圣殿。曾经在"圣道"两侧，有无数大理石雕塑，从城里一直延伸到神庙，但几千年间神庙不断被毁，如今，只残存石柱、两个无头女神雕像，以及一个建于5世纪的基督教堂。单凭这些遗迹，人们很难想象它昔日的辉煌。不过，考古学家们还在对遗址进行发掘。遗址边上，有一座小型的博物馆，能看到一些保存较好的文物。

萨摩斯岛的首府瓦西（Vathy），是来岛旅行的必到之处，你可以在老城区漫步。如果对博物馆和品酒感兴趣，可以去看一看岛上最大的考古博物馆，该馆存有高达 5.5 米的古风男青年雕像（发掘于赫拉神庙），还可以前往拜占庭教会博物馆、萨摩斯岛葡萄酒博物馆参观。

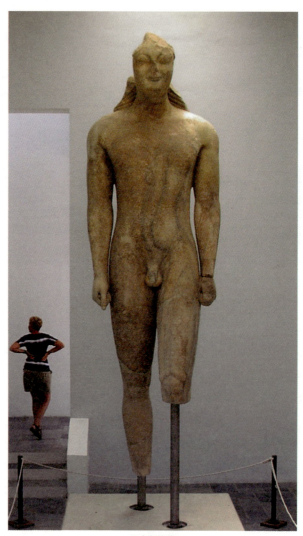

男青年雕像

## (三)赫拉克利特:不爱江山,爱"逻各斯"

相信你一定听说过这句话——人不能两次踏入同一条河流。

这句话就是赫拉克利特用来说明他的"万物流变"思想的。

赫拉克利特约出生于公元前540年,本是以弗所(Ephesos)可以继承王位的贵族,但他"对显赫感到恐惧",不爱江山,爱思考——把王位让给兄弟,跑到月亮女神的阿尔忒弥斯神殿隐居,整天和小孩一起玩耍,继续他的哲学思考。

赫拉克利特

赫拉克利特对后世影响最大的哲学思想,其实是另外两句话。

第一句:万物起源于火。

根据现代的天体物理学研究,宇宙起源于一次大爆炸。2500多年前,赫拉克利特就用"不定形"的"火",来解释世界的本原了。

赫拉克利特认为,不断变化的火,有两种状态——燃烧和熄灭。火灭后,形成了世界的万事万物;而万事万物燃烧后,又复归为火,保持一种均衡。所以,他认为:

火,是万物的象征——都不断变化,是"不定的"。

火,是万物的本质——都保持"对立统一"的均衡。

第二句:万物皆有"逻各斯"。

赫拉克利特在"火与万物"以及它们互相转化的背后,又提炼出了一个"逻各斯"——统摄万事万物的"不变的法则"(和我们的"道"很相似,就是现象背后永恒不变的规律)。

他认为,"逻各斯"就是天神宙斯,总在背后掌控和安排一切。它看不到、摸不着,是"要人用理性"才能发现的。

而世间一切事物,又都是"对立和统一"的,如日与夜,组成了一天;生与死,组成了一生。相互对立的事物,又在不断转化,如好可以变坏、冷

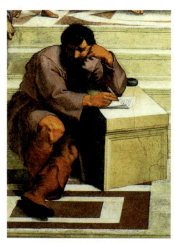

《雅典学院》中的赫拉克利特

可以变热——这就是朴素辩证法。

后世对赫拉克利特的评价都很高。

尼采说：赫拉克利特的思想，永远不会过时。

黑格尔说：赫拉克利特，开创了一个完美哲学的开端。

罗素说：赫拉克利特的"永恒和万物流变"的观念，让科学家头疼不已，但又无力反驳。

## 【必看 19】以弗所：赫拉克利特的故乡

以弗所位于土耳其西海岸，曾是古罗马在小亚细亚的都城，还是繁华的港口城市，这个新约《圣经》中出现过的地方，有整个东地中海地区保存最完好的古城遗址。以弗所几乎常年出现在所有土耳其旅行的游记中，人称"土耳其的庞贝"，但面积却是庞贝古城的 8 倍。

公元前 10 世纪，以弗所由古希腊的爱奥尼亚人建立，并在公元前 334 年，被亚历山大大帝纳入马其顿帝国版图，后来又被古罗马人统治。以弗所在很长一段时间里，都是古罗马帝国仅次于罗马的第二大城市，居民一度超过 25 万人。

以弗所不仅是古代世界七大奇迹之一的阿尔忒弥斯神庙的所在地、赫拉克利特的故乡，还是基督徒心中的圣地，并于 2015 年被列入世界文化遗产名录。

塞尔苏斯图书馆遗迹

如今，以弗所古城清晰的规划依然可见——两旁有整齐的罗马柱的中心大道，沿着山坡而建的城市公共建筑，如剧场、广场、公共浴室、住宅、市集等。不可错过的景点，除了前文介绍的阿尔忒弥斯神庙外，还有：

建于公元 2 世纪的古罗马建筑塞尔苏斯图书馆,它曾收藏了 12000 多卷书籍,是古代世界第三大图书馆。

建于公元前 3 世纪的以弗所大剧院,它曾是古希腊最大的剧院之一,最多可容纳 2.5 万人。

另外,当地古罗马遗迹很多,包括古老的公共厕所、富人露台房屋、哈德良神庙、古罗马水道。

如果你对基督教历史感兴趣,可前往圣母之家和圣约翰大教堂遗址游览。

胜利女神浮雕

圣母之家

## （四）巴门尼德："唯物论"和"唯心论"的共同启发人

巴门尼德约出生于公元前515年，是南意大利爱利亚（Elea）学派的主要代表人物，曾跟随毕达哥拉斯学派学习，也是古希腊哲学家色诺芬尼（Xenophanes）的学生。

巴门尼德

巴门尼德反对赫拉克利特，认为"万物永不变化"，整个宇宙的现象背后，只有一个东西——"存在"（Being，或叫"是""本体"，如同毕达哥拉斯的"数"、色诺芬尼的"一神"、赫拉克利特的"逻各斯"），它是永远存在、永恒不变、不可分割的。

他的学说晦涩难懂，但柏拉图和黑格尔都对他评价极高。黑格尔在《逻辑学》中说他是"哲学史的开端"，柏拉图说他是"苏格拉底之前的哲学家中最伟大的，能和写史诗的荷马相提并论"。

巴门尼德提出了"存在与思维的一致性原则"，也因此启发了整个西方哲学史上两大对立的思想派别——"唯心论"和"唯物论"。

他说，"存在，只能由思维去掌握"，启发了西方的"唯心论之父"柏拉图；而他又说"存在本身，在空间上是有限的、是球形的"，那"存在"也是物质的了，所以这又启发了西方第一位唯物论者和"原子论"的创始人——德谟克利特（Democritos）。

《雅典学院》里的巴门尼德

他在著作《论自然》的哲理诗中，提到了两条找寻真理的路：

意见之路——一个东西是不是存在，只来自于你的感官，即你的意见，但这并不可靠。

真理之路——凡存在者，皆存在。它一直在那里，不虚无，也不变化，这才是真理。

巴门尼德对哲学的主要贡献，就在于他创造了"存在"的概念（不同变化状态下的本体）。从此，哲学家们不再不停地追问世界的本原了，而是开始探索宇宙自然在"逻辑上"最普遍的本质。这成为后世哲学、神学、心理学等领域公认的基本概念，也为形而上学理论奠定了基础。

## 二、闪耀至今的古希腊三哲

苏格拉底（Socrates）、柏拉图（Plato）、亚里士多德（Aristole），这三个人，被誉为"古希腊三哲"，他们代表了古希腊哲学的巅峰。如果用一句话来概括他们的关系和区别，那就是他们三人是师生关系：苏格拉底是柏拉图的老师（比后者大42岁），负责提问；柏拉图是亚里士多德的老师（比后者大43岁），负责记录和想象；亚里士多德负责观察和实证。

### （一）苏格拉底：古希腊哲学的核心

和我们有圣贤孔子一样，西方人的圣贤就是苏格拉底。

乔布斯说，他宁愿用一生的成就和财富，去换取和苏格拉底一个下午的相处。

为什么一个没有著作传世的人，会是整个古希腊哲学的核心呢？

因为他不但教出了杰出的学生——柏拉图（柏拉图让雅典成为古希腊时期西方哲学的中心），还只用两句话，就超越了他之前所有的哲学家。

我的朋友不是城外的树木，而是城内的居民，你可以在城外观察天象，研究自然界，你再怎么样也无法忽视人有他实际的生命，有他必须寻找的规

苏格拉底

则，来安排他的生活。

未经省察（反省、检查）的人生，不值得活。

如果同样用两句话来概括苏格拉底的一生，就是：

他很爱带着徒弟，当众问别人问题，还不给答案。

他因为爱问问题，被雅典的民主法庭，判了死刑。

苏格拉底所处的时代，是雅典在伯罗奔尼撒战争失败后，国力衰退的时代，这让他把之前人们思考、研究的对象，从宇宙、自然，拉回到了人类自身。比如，什么是智慧、美德、正义、勇敢？什么品质的人，才能治理好国家？

苏格拉底之死

古希腊的哲学，从他开始发生转折——作为一个人，不能光研究宇宙、自然，而不去过实际的生活，人有理性、能思考，常常会问："我为什么而活？我这一生的意义是什么？是不是有比我自身更值得追求的东西呢？"

知名学者傅佩荣先生总结道："苏格拉底以他的死，证明了人的生命有内在的价值，是不能够被抹杀、被忽略的。这一下就让整个西方哲学，有了立体的架构，即有了三观——宇宙观、人生观、价值观。"

## 【必看 20】阿哥拉（古市集）：古代雅典的中心

雅典卫城是去希腊旅游第一个必到之处，而古希腊的阿哥拉才是古代雅典人生活的中心。这里也正是苏格拉底提了成千的问题，却从不给人答案的"圣地"。

阿哥拉位于莫纳斯特拉基（Monastiraki）和卫城之间，也是世界上少有的、有火车穿行的考古遗址。别看现在阿哥拉只是一片石头散落的废墟，但这里曾经是苏格拉底、伯里克利、柏拉图等一众大哲学家散步、交谈、演讲的地方，也是雅典公民购物、投票的城市的心脏。

站在残损的立柱、地基中，你可以想象自己穿越回古希腊，领略 2000 多年前的盛况——在热闹的广场上，各种小贩叫卖着，你能买到鲜花、海鱼、粮食、鞋子等各种商品，还能买到奴隶；广场上还聚集着开会、演戏的雅典人，领袖伯里克利在发表演讲；苏格拉底在人群中不断诘问别人："什么是正义？"

有趣的是，中国美术馆馆长、著名雕塑家吴为山，创作了一件青铜组雕《神遇——孔子与苏格拉底的对话》，东西方的两位贤哲，在这里跨越时空相遇了。

整个古市集游览下来，大约需要两个小时。最主要的看点有两处：

赫淮斯托斯神庙，它是目前为止，希腊保存最完好的多里安式神庙。它始建于伯里克利时期，甚至比帕特农神庙还要更早完工。

阿塔洛斯柱廊（Stoa of Attalos），它是当你站在卫城上，一定会注意到的山下一个两层的、唯一被复原的古建筑。

《神遇——孔子与苏格拉底的对话》

它曾是古代西方最早的购物场所，其历史可追溯到公元前 2 世纪，之后由美国雅典古典研究学院于 1956 年重建。建筑包括共计 45 根柱子、约 120 米长的柱廊（一层为多利安柱式，二层为爱奥尼亚柱式），以及一个古市集博物馆。著名的斯多葛学派之所以得名 Stoic，正因为他们讲学的地点是这里的彩色绘画柱廊 Stoa。现在，这里是人们乘凉、了解遗址以及遥想古代圣哲的好地方。

俯瞰古雅典市集

古罗马市集（左下角是风之塔）

另外，古罗马市集紧挨着古雅典市集，可以用联票顺带一起看看。古罗马市集中有雅典娜之门、最受欢迎的大理石风之塔（建于公元前2—公元前1世纪。塔共有8个面，由水钟、日晷和风向标组成），还有一个费特希耶·贾米清真寺。

## (二)柏拉图:"大块头"有大智慧的"理想国"创始人

柏拉图不但出身名门,而且有才,他在音乐、数学、诗歌等方面都很杰出,被称为"阿波罗之子"。他还参加过战争、摔跤比赛,因强壮魁梧,得了"大块头"(Plato)的称号。

他在去参加戏剧比赛的路上,遇到在街头和人谈话的苏格拉底,被这位老人的魅力折服,一把火烧掉他要参赛的戏剧作品,从此追随这位长相丑陋却富有智慧的老人,献身于哲学。

柏拉图

柏拉图28岁那年,苏格拉底被雅典同胞处死,这成为柏拉图一生的痛,也对他的哲学思想和政治理念,产生了持久的影响。他先是逃离了雅典,又游遍了整个古希腊世界,还曾前往古埃及探寻知识。

当他到叙拉古(位于今西西里岛上)城邦时,试图劝说那里的统治者狄俄尼索斯一世研究哲学。结果反而惹怒了对方,对方竟然把他变卖为奴!幸好有朋友用高价帮他赎身,他才在40岁时,得以返回雅典,并在城外创立了柏拉图学园(也称为雅典学院,但不是现在的雅典大学)。学园以地方神阿卡德漠(Academus)命名,成为后世"学院"(Academy)一词的由来。据说学园大门刻着入学的门槛——"不懂几何者免入"。

柏拉图最主要的贡献之一是提出了伟大的"理念论"。

他综合前人的思想精华——赫拉克利特的"万物流变,变化无处不在"和"逻各斯"永恒、毕达哥拉斯的"世界的本原是数"、巴门尼德的"存在"以及老师苏格拉底所追寻的"形式或型"的概念,建立了"理念论"的体系(Theory of idea,也译为"理型论"。其实译为"理式论"——理想的形

柏拉图学园

式,更好理解)。

所谓理念论,就是认为在能感觉到的现实世界背后,有无法为感官所感知、只能靠理性和思想去领悟的规律。比如,"张三""李四"的理念是"人",但"人"这个理念,比"张三""李四"更持久;你做了张桌子又烧掉,但"桌子"的理念永远存在。

柏拉图的贡献之二是,他留下了西方第一本完整的哲学著作《对话录》。

与老师苏格拉底不同,柏拉图一生留下了很多著作。其中最有价值、也是古希腊所有作家中存世最完整的作品,是36部记录苏格拉底思想的《对话录》,以《理想国》和《会饮篇》两篇最为知名。

《理想国》中,柏拉图借苏格拉底之口,说出了自己的哲学和政治主张,也指出了当时各种政治制度的问题,并构想了一个理想城邦的模型——要让"哲人王"(懂哲学的国王)来治理国家。

《会饮篇》也是借苏格拉底之口,说出了柏拉图自己对爱、对美的理解——爱就是对美的追寻。它可分为以下三个阶段。

第一阶段:男女之间的爱欲为传宗接代,可以算作一种不朽。

第二阶段:升华到精神的爱——可以是老者喜爱少年的青春,也可以是少年敬爱老者的智慧。

第三阶段:爱的最高境界——永葆善意的追寻,对"人的完整永恒的理念和形式的绝对之美"的爱(即爱智慧)。

我们今天所说的"柏拉图式的爱",就来源于此,其实它并非简单地指男女间的爱。

柏拉图的哲学思想对后世影响极其深远,尤其是对中世纪的基督教经院哲学。柏拉图在世时,就有人并不完全赞同他,其中的代表人物恰恰就是他的明星学生亚里士多德。

以《会饮篇》构想的场景

# 【必看 21】柏拉图学园遗址与新古典主义三部曲

## （一）柏拉图学园

大约 2500 年前，柏拉图在雅典创立了他的哲学学校——柏拉图学园，它被称为"西方世界的第一所大学"，存续长达 900 多年之久（约公元前 387—529 年），奠定了西方科学和哲学的基础。

柏拉图学园的雕塑

学园尽管曾经辉煌，如今却已变成一个生活化的小公园了。如若你时间充足，建议你去看看这个小型的露天考古遗址——想象一下，你正在和启发西方哲学的人漫步在同一条小道上！

学园遗址的门口，竖立着柏拉图的半身雕塑，不远处有一个纪念柏拉图的免费数字博物馆，千万不要错过。博物馆内用视听材料，讲述了柏拉图的生平、哲学思想等，并且提供互动游戏和小测验，增加了趣味性和体验感；还有原来的柏拉图学园的模拟复原全景图，以及拉斐尔的名画《雅典学院》的数字化展览；甚至还设计了专门的暗室，用来模拟柏拉图《理想国》中著名的"洞穴"。

## （二）新古典主义三部曲

离宪法广场不远的地方，是现代雅典科学院（The Academy of Athens），它成立于 1926 年，是希腊的国家学院和最高研究机构，也是国际科学联盟理事会（ICSU）的成员。

雅典科学院与希腊国家图书馆、雅典大学并排建在一起，被称为"新古典主义三部曲"。这三座建筑已成为雅典的又一新地标，是游雅典一定不能错过的打卡宝地。

现代雅典科学院

希腊国家图书馆

雅典大学

## 【必看22】柏拉图的"亚特兰蒂斯"圣托里尼

圣托里尼岛简称圣岛,古称锡拉,是人们一提到希腊,必会想到的第一网红岛。它是位于南爱琴海的基克拉迪群岛中的一个活火山岛。不久前这个小岛还被评为世界知名海岛的第4名。

如此备受追捧,自有其理由:

第一,它有火山喷发后的独特地貌——悬崖、红沙滩、黑沙滩、白沙滩(由不同颜色的小石头组成);

第二,它有让无数少女尖叫的蓝白教堂、驰名世界的爱琴海落日、壮观的火山断崖景观,拍照极其出片;

第三,它文化内涵丰富——既有"希腊庞贝"之称的考古遗迹,又有柏拉图《对话录·蒂迈欧篇》中亚特兰蒂斯(Atlantis)的传说。

圣托里尼岛上伊亚小镇落日

柏拉图在《对话录》中,描写了一个乌托邦式的文明社会,它因一场灾难永远地消失在大海中。学者们纷纷推测,正是公元前1600年左右圣岛的火山爆发,造成了同时期米诺斯文明的湮灭,并塑造了圣岛独特的新月地形。

费拉小镇的著名蓝顶教堂

粉刷蓝顶教堂（厉强先生）

【不可错过的景点】

★ 首府费拉小镇

著名的蓝顶教堂就在这里。小镇有蜿蜒曲折的小巷、热闹的小广场、店铺、老港口、小教堂等。

★ 伊亚小镇

位于岛的最北端，可俯瞰壮观的火山悬崖，是爱琴海落日的最佳观赏点。小镇布满了带无边泳池的高端酒店、时尚奢侈品店，是全岛休闲享受的最佳地点。

★ 阿克罗蒂里考古遗址

这个古老的青铜时代米诺斯文明遗址，约公元前17世纪被火山喷发摧毁，一直保存在火山灰下，直到1967年才被发现。它被称为"希腊庞贝"，该遗址出土了不可思议的壁画、陶器，以及多层住宅。

★ **红沙滩**
因铁矿石而呈现红色的火山沙滩,极其出名,就在阿克罗蒂里附近。

★ **黑沙滩**
在这个布满黑色鹅卵石的海滩看海,会发现似乎它周围的海水都是黑的,但其实海水非常晶莹剔透。海滩边有很多酒吧、餐馆,是一个放空自己的好去处。

★ **卡梅尼火山**
乘船出海到这座活火山上探险。在厚厚的火山灰上行走,会有像登月一样的体验。

★ **圣岛酒庄**
酒庄拥有极壮观的火山断崖景色,除了品酒,还可以参观葡萄酒的制作工艺,是理想的婚礼举办地。

## (三)亚里士多德:"百科全书式"学者与帝王之师

亚里士多德是西方哲学史上影响力最大的哲学家。他是一个"百科全书式"的学者,是古代西方世界最高产的哲学家,身为亚历山大大帝的老师,他在当时几乎各个领域都取得了最高成就。他的思想甚至影响欧洲长达一千多年。

亚里士多德出生于古希腊北部的马其顿,父亲是国王的御医,家境优越,当时,马其顿与文化之都雅典相比,仍是蛮荒之地,所以他从 17 岁到 37 岁一直在雅典的柏拉图学园学习。

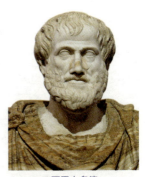
亚里士多德

亚里士多德虽然受柏拉图思想影响巨大,但却与老师在哲学思想上有很多分歧。他的那句"吾爱吾师,吾更爱真理"就是最好的写照。而这种质疑的精神,也是古希腊哲学一以贯之的、最可贵的精神——谁都可以持不同的看法,哪怕是在师生之间。

一千多年后,"文艺复兴三杰"之一的拉斐尔创作了巨型画作《雅典学院》。画中处在最中央的师生两人,被赋予了不同的手势,暗示了他们思想

《雅典学院》中的柏拉图（左）和亚里士多德（右）

亚里士多德为亚历山大讲学

的差异。年长的柏拉图，一手拿着自己的《蒂迈欧篇》，一手指天。他认为充满变化的现实世界是不可靠的，所以，应向上追寻"永恒不变的理念世界"。年轻的亚里士多德，一手拿着自己的著作《伦理学》，一手手心朝地，表示他更关心具体的人生和真实、可触碰的现实世界。

柏拉图去世后，亚里士多德回到马其顿的宫廷里，成为13岁的亚历山大王子的老师。8年后，他返回雅典，在运动场吕克昂（Luceion）创建了自己的学园，吕克昂学园成了柏拉图学园的对手。他在这里度过了最有成效的12年，写出了他的科学和哲学作品中的绝大部分。

亚历山大大帝33岁时突然去世，亚里士多德作为马其顿人在雅典的处境非常艰难，"为避免雅典第二次对哲学犯罪"，他逃离了雅典，并于次年因胃病过世（享年62岁）。

亚里士多德第一次将人类的知识（他认为哲学是所有学科的总汇）分门别类，让科学研究开始专业化。他把知识分为三大类：理论的、实践的、创作性的。

理论知识，是纯粹的科学研究，包括形而上学、自然哲学（物理学）、数学，而自然哲学又包括了灵魂学说、天文学、气象学、动物学等。

实践知识，以人的行动为研究对象，包括伦理学（以个人幸福为目的）、家政学（以家庭幸福为目的）、政治学（以城邦幸福为目的）。

亚里士多德与荷马半身像

创作性的知识，以生产和制作产品为目的，包括各种技艺（如雕刻、造船、医术等）、各种艺术（如诗学、修辞学等）。

亚里士多德还是"逻辑学之父"，他认为逻辑学是所有知识研究的工具，所以他的逻辑学著作被统称为《工具论》，未归入这三大类知识中。

亚里士多德还是生物学的开山鼻祖——他是西方哲学史上，第一个系统地讨论动物、植物的学者——得益于他的学生亚历山大大帝，为他找来各种稀奇动植物，供他研究。

此外，他还在天文学、地理学（包括地质学）、气象学、心理学等领域，都作出了独特的贡献。虽然他的科学研究和哲学，在今天备受现代人的质疑，但他的贡献，仍是前无古人，后无来者的。

## 【必看 23】吕克昂学园遗址与亚里士多德大学

### （一）吕克昂学园遗址

吕克昂学园，由亚里士多德创建于公元前 335 年。从某种意义上说，这里是第一个提出现代科学方法的中心。那时，古希腊文明正欣欣向荣，这个学园也是当时的学术中心。

有如一片荒地的吕克昂学园遗址

学园遗址由考古学家在 1996 年发现，在发掘了 18 年后，才首次向公众开放。遗址由图书馆、教学区、公共演讲广场、浴室、体育馆等遗迹组成。吕克昂学园曾经是只有少数人才能来这里接受教育的地方。尽管学园后来被罗马人毁坏殆尽，但还是遗留下来一些墙基，供游客凭吊。当时，亚里士多德总是双手紧握在背后，走在石榴树和草丛中，带着学生一边散步，一边讲课、讨论哲学。所以，他的学派也被称为漫步学派。

现在遗迹的一部分是公园，一部分是对雅典辉煌历史的纪念。从宪法广场步行 10 分钟即可到达，最近的地铁站是 Evangelismos（3 号线），能用 5 日卫城联票入内，还能顺便参观旁边的拜占庭博物馆。

## （二）亚里士多德大学

亚里士多德大学（Aristotle University of Thessaloniki）作为希腊最大的大学，延续了古希腊的思想遗产，继续坚持哲学家的教育与哲学探究。大学成立于1925年，主校区位于希腊第二大城市塞萨洛尼基（又译为萨洛尼卡）市区中心，校园占地约33.4公顷，由10个学院组成，另有一些教育和行政设施位于校园外。

亚里士多德大学作为希腊最受尊敬的大学，课程设置极其广泛，从人文到科学，从美术到尖端技术，同时也有专注于生物医学、环境和技术等领域的研究中心，吸引了世界各地的学生，也培养了大量政治家、科学家和艺术家。

漫步学派

## 三、走向实践哲学的后苏格拉底时代哲学家

亚里士多德之后,整个古希腊哲学走向了实践哲学——把哲学落实在人生里,找寻获得幸福的方法,从而进入了"后苏格拉底时代"。

这时,雅典已归于亚历山大大帝,又因为马其顿驻军的存在,言论受到限制,哲学也开始从政治中分离出来,转向努力安顿自我——从没有完整理论体系的犬儒学派(Cynicism),到构建了自身理论体系的伊壁鸠鲁学派(Epicureanism)、斯多葛学派(Stoicism)、怀疑论学派(Skepticism)。

这几大哲学流派有一个共同点——它们不再对宇宙星辰好奇,而是只关心如何找到个人的圆满、解开人生的迷惑。尽管它们对哲学的贡献有限,也缺少创造性,但它们的很多思想,一直流传影响到今天,不乏值得借鉴的闪光点。

**后苏格拉底时代主要哲学家**

| 人名 | 生活年代 | 主要贡献 |
| --- | --- | --- |
| 安提西尼<br>(Antisthenes) | 约前 445—前 365 年 | 犬儒学派创始人 |
| 皮罗<br>(Pyrrho) | 约前 365—前 275 年 | 怀疑论学派创始人 |
| 伊壁鸠鲁<br>(Epicuros) | 约前 341—前 270 年 | 伊壁鸠鲁学派创始人 |
| 芝诺<br>(Zenon of Kitieus) | 约前 336—前 264 年 | 斯多葛学派创始人 |

### (一)犬儒学派:向动物学习,超越物欲

安提西尼

我爱人说他年轻时,曾是个"犬儒主义"者,我猜那是因为犬儒学派的哲学家们都把钱财看作身外之物吧!

犬儒学派的创始人是安提西尼,和柏拉图一样,都是苏格拉底的学生。他自命清高、愤世嫉俗,对一切权贵都冷嘲热讽,也看不上柏拉图的理念论。有一种说法,犬儒学派之所以被称作犬儒学

派，可能与他们常常聚会的运动场名为"快犬"有关。

犬儒学派认为名利和财富都是浮云，要抛弃世俗的追求和物质享受，通过简朴的生活方式，来追求真正的自由和幸福。

犬儒学派最广为人知的学者是第欧根尼（Diogenes），他倡导向动物（狗）学习，找回原始的生活方式，据说他甚至连房子都不要，直接住在一个木酒桶里，与狗为伴。

据说，当亚历山大大帝统一了希腊各城邦后，特意去拜访第欧根尼，问他有什么需要的。

第欧根尼只淡淡地说了一句："请走开，不要挡住我的阳光。"

亚历山大大帝回了一句："如果我不是亚历山大，我希望我是第欧根尼。"

后来很多传记作家还说，亚历山大和第欧根尼是在同一天去世的，但事实上，两人的死亡日期都无法考证。

住在木酒桶里的第欧根尼

第欧根尼和亚历山大

## （二）怀疑论学派：搁置判断，内心安宁

皮罗约出生于公元前365年，他能活到90岁高龄，全靠弟子们学艺不精、不加怀疑地及时救了他——据说当有马车向他冲来时，他会原地不动，

皮罗

陷入怀疑状态："这是马车吗？"

他原来是一位画家，还曾加入亚历山大大帝的军队，远征到印度，受到印度文化（如佛教）的影响。他一生见多识广、阅历丰富，所以逐渐形成了一种"质疑一切、悬置判断"的哲学思想。

他似乎把所有的知识，都扔进火里烧了一遍，因为他坚信：人活在世界上，感觉不可靠、理智也不可靠；每一项推理，都有与它相反的推理；没有什么知识是十分确定的，人类无法获得"真理"或"绝对的知识"，对一切都要存疑。

怀疑论学派的核心思想是：既然真实性不可得，智者就不作判断；不求真理，只求宁静；搁置判断、无所取舍、内心安宁，才是人生真正的目的所在。

### （三）伊壁鸠鲁学派：快乐清单，其实很简单

伊壁鸠鲁公元前341年出生于萨摩斯岛，是快乐主义的创始人，他主张：追寻快乐是人生的目的。他进一步论证和发展了德谟克利特的原子论。

伊壁鸠鲁

他所主张的"快乐"，并非我们以为的、字面所见的、简单肤浅的快乐——短暂的感官刺激，他认为的快乐是身体无痛苦、灵魂无纷扰，这就要通过内心的平静、知足，来获得快乐。

伊壁鸠鲁学派的哲学家们很会享受生活，但又不是贪吃、贪玩的"纵欲"者；他们懂得节制和谨慎。

伊壁鸠鲁要求人们在追求快乐时，要遵循"理智和道德"的原则。

理智原则，是指要过有节制的生活，不能暴饮暴食、过度享乐，要劳逸适度，这样才能"身体无痛苦"。

道德原则，是指不能给别人带来痛苦；"行善，比受助更快乐"。

伊壁鸠鲁还给出了一份快乐清单——

第一是友谊。要广结善缘，从利己到爱友如己，走向一种无私的情感。

第二是自由。要有理性判断的自由和掌控自己欲望的自由，能分清哪些是自然且必要的，如基本的衣、食、住，还有朋友、自由、思想；哪些是自然但不必要的，如大餐、豪宅、豪车、仆人；哪些是既不自然，也不必要的，如名望、权力、地位。其中后两种都是身外之物，可有可无。

第三是思想。要做到"身体无痛苦，灵魂无纷扰"，就要用哲学的思考去解开人们对死亡、神明、疾病、贫困等的恐惧和困惑。对死亡，不用害怕——只是原子的分解；对神灵，不必忧虑——神并不在乎你；对疾病，不可避免——事前预防、事后医治；对穷困，不可逃避——平静知足、安贫乐道。

后来的希腊化时期，各地都普遍误解了伊壁鸠鲁的思想，加上他的拥护者中，有人因为生活糜烂，损害了伊壁鸠鲁的名声，让伊壁鸠鲁变成了"贪吃者"的代名词，他的思想也被歪曲成了"纵欲主义"。但学派内真正的哲学家们，一直谨慎地遵守着伊壁鸠鲁的哲学格言："神不足惧，死不足忧，祸苦易忍，福乐易求。"

## （四）斯多葛学派：不被命运的无常所伤害

斯多葛学派的创始人是季蒂昂的芝诺。他原本是做海上贸易的商人，因为遇到海难，只能一无所有地滞留在雅典，但却在无意中，接触到了色诺芬的《回忆录》，他被书中记录的苏格拉底的思想所折服，开始学习哲学，他认为自己"遇上海难，却走上幸福的航程"。

芝诺在雅典市集的柱廊斯多亚（Stoa，意为有彩色绘画的柱廊，正是他学派名字的起源）讲学长达 40 年。他因在乱世中，仍能讲理性、重道德、生

芝诺

活简朴、为人正派,深受雅典人的敬重,他们甚至把雅典城墙的钥匙都交给芝诺这个外乡人,还在他生前,就为他立了墓碑。

芝诺接受了苏格拉底、犬儒学派的"用理性节制欲望,以达到不动心的安宁之境"的思想,也受赫拉克利特的"火本原"和"逻各斯"的启发,把自己的思想发展成一种更完备的哲学,他的理论绵延了6个世纪之久。

然而将斯多葛学派发扬光大的,却是古罗马时期的三位著名代表——古罗马暴君尼禄的老师塞涅卡(Seneca,约公元前465年被尼禄赐死)、被解放的奴隶爱比克泰德(Epictetos,约50—138年),以及最接近"哲人王"的罗马皇帝马可·奥勒留(Marcus Aurelius,121—180年,他的日记《沉思录》被公认为是斯多葛学派的代表作)。

有研究者认为,芝诺之后的几乎所有国王,都推崇斯多葛主义,可能是因为斯多葛学派既不是伊壁鸠鲁式的享受快乐——"花开堪折直须折",也不是犬儒式的禁欲避世——"荣华富贵皆浮云",他们更讲究"安宁与德行"

芝诺讲学的斯多亚柱廊和内部

和个人对社会的责任——既享受现实美好,又洞见人生的无常,所以,人应追求有德性的生活,去成为应当成为的人,这样才是理智的。

爱比克泰德在他的《手册》中,一开篇就智慧地说道:"有些事物,是由我们决定的;有些事物,不是由我们决定的。"比如欲望、意见、冲动、好恶,就是可以由我们决定的,而财产和名誉,则不是由我们决定的。

中国科技大学的老校长朱清时先生,有一段勉励学生的话,可以用来很好地说明斯多葛学派关于人生哲学的智慧:"有肚量,去容忍那些不能改变的事;有勇气,去改变那些可能改变的事;有智慧,去区别以上两类事。"

被赐自杀的塞涅卡

爱比克泰德

马可·奥勒留

PART 2

独具慧眼篇

第 4 辑
# 古希腊建筑

古希腊是西方文明的源头和基础。从本篇开始，我们将要修炼一双慧眼，来欣赏古希腊的艺术。

古希腊人生活的世界，充满了视觉艺术，从街道两旁到剧场，从广场到运动场，从墓地到圣域，目光所及皆是"图与像"。这些图与像，一般涉及三大主题：奥林匹斯诸神的各种奇趣故事；远古的历史传说，比如英雄的功业、特洛伊战争等；人们生活着的现实世界，比如婚丧、祭祀、宴饮等。

我们将从建筑、雕塑、绘画三个层面来简要介绍古希腊艺术，但事实上，它们是密不可分的——建筑内，一般都有雕塑和绘画，而大多数的艺术家，也三者都精通。

为了更好地理解古希腊艺术的发展，我们需要结合古希腊的历史分期来介绍（大致与古希腊艺术史重合）。

总的来说，古希腊的艺术大致经历了 4 个发展阶段。

几何风格时期：以比较简洁的几何纹和线条装饰为主题。

古风时期：受东方文化影响，后期逐渐有了自己的风格。

古典时期：有明显的特点，是古希腊艺术的顶峰。

希腊化时期：风格多样化、主题生活化，更华丽细腻。

在建筑方面，最能代表古希腊建筑风格的是神庙。

直到今天，世界上很多公共建筑仍受到古希腊神庙建筑风格的影响，如美国的国会大厦、英国的大英博物馆——圆柱、山墙、门楣，完美的对称、绝佳的比例，统统都是古希腊文明的遗产。

除神庙建筑外，古希腊人还建造了很多其他类型的公共建筑，如体育场、剧场（保存最完好）。当你坐在一座体育场或剧场之中，请环顾四周，它最早可都是古希腊人发明的呢！

大英博物馆

## 一、宫殿、陵墓与堡垒墙：王权时期的建筑代表

古希腊建筑的源头可以追溯到米诺斯—迈锡尼文明时期，考古发掘出的建筑类型主要包括宫殿、陵墓、堡垒墙，使用的建材有巨石、木材、黏土。

这个时期，由于文明发源地的不同，建筑风格也大相径庭。

### （一）米诺斯文明的克诺索斯王宫

克里特岛上的米诺斯文明是爱琴海文明的起点，克里特岛则是欧、亚、非文化的交会点，因受到古埃及等东方文化风格的影响，建筑多以宫殿为主，结构巧妙、装饰精美。其中最为著名的宫殿遗址就是发掘于克里特岛的克诺索斯（Knossos）王宫。

考古发掘表明，王宫依山而建，是围绕中央庭院、多层楼宇构成的复杂建筑群。

克诺索斯王宫遗址

有人推测,这个宫殿约有 1300 多个房间、5 层楼高。遗址内住所、大厅、厨房、仓库、作坊、行政办公区等一应俱全,但却没发现神庙。

## (二)迈锡尼文明的堡垒墙和陵墓

迈锡尼文明,是古希腊本土的第一个文明。迈锡尼文明的宫殿建筑,虽借鉴了米诺斯文明的特色,但结构单一、更注重实用,雄伟、坚固的巨石堡垒墙——3 米多高的"狮子门",至今还散发着慑人的气势。迈锡尼城堡建筑群最大的特点是没有固定走向,只是根据需要来不断扩建。

在迈锡尼城堡南,还有一系列的陵墓(墓坑圈),其中一座被命名为"阿特柔斯的宝库"(阿特柔斯是传说中的迈锡尼国王)。

这座陵墓的特别之处,是运用了相当复杂的筑墙技术——所有石料水平放置,环建而成,最终形成一个蜂窝形拱顶(也被称为"假拱顶")。

迈锡尼遗址的"狮子门"

阿特柔斯的宝库

## 【必看 24】希腊第一大岛:"海上花园"克里特岛

克里特岛的美丽港口

哈尼亚老城夜景

克里特岛被称为"宙斯之岛"。作为希腊最大的岛和欧洲文明的摇篮之一,它像一条大鲸鱼,横卧在希腊南部和东地中海。克里特岛面积约为 8300 平方公里。

岛上的旅游资源极其丰富,有适合徒步的希腊最长的峡谷撒玛利亚(Samaria Gorge)峡谷,有积雪绵延的群山(最高峰超过 2400 米),有呈果冻蓝的欧洲蓝旗海滩、梦幻的粉红沙滩,所以又被称为"海上花园"。

克里特岛还是爱琴海文明的发源地之一,有数不尽的考古遗址,充满异域风情的港口城市伊拉克利翁、哈尼亚、雷西姆农。

克里特岛浓缩了米诺斯文明、古希腊文明、古罗马文明、拜占庭文明等。岛上的拜占庭教堂、威尼斯城堡、伊斯兰教清真寺更凸显了它多元的文化特征。

### (一)米诺斯文明:克诺索斯王宫遗址

位于克里特岛首府伊拉克利翁东南 5 公里处的克诺索斯王宫遗址,是米诺斯文明的象征，已有超过 4000 年的历史。

1900 年，英国考古学家阿瑟·埃文斯爵士（Sir Arthur Evans）发掘出克诺索斯王宫遗址后，用神话中宙斯和欧罗巴的儿子、克里特国王米诺斯之名，来命名这个文明。他的发现，也被誉为 20 世纪考古学最伟大的成就之一。

当你听到"米诺斯迷宫"时，能否想起神话中被雅典王子忒修斯所杀的、吃人的牛头怪米诺陶（Minotaur），以及让王子走出迷宫的阿里阿德涅公主的线团？

虽然现在王宫只剩下残垣断壁（部分被复原），但它精巧的布局（4000 年前已有饮水、排水系统）、华美的装饰，证明了米诺斯文明曾经的发达。

克诺索斯王宫遗址（部分被复原）

## （二）伊拉克利翁考古博物馆

位于伊拉克利翁市中心的伊拉克利翁考古博物馆建于 1952 年，是克里特岛内最大的考古博物馆，也是希腊最重要的博物馆之一，地位仅次于希腊国家考古博物馆。博物馆有两层，共 20 多个展间。馆内收藏了大量跨越了 5500 年之久的文物（新石器时代—古罗马晚期），包括陶器、珠宝、青铜器、壁画、雕塑等，尤其以独一无二的米诺斯文明藏品蜚声海外。

建议游客先去城外游览，看完王宫遗址，再到这里近距离观看岛上各个王宫遗址出土的珍品。

## 【不可错过的 4 件镇馆之宝】

★**斐斯托斯圆盘**（展间 3，约公元前 17 世纪）

斐斯托斯圆盘的 AB 面

这个刻有象形文字的神秘陶土圆盘，有 45 个至今未被破译的符号。

★**公牛头祭酒器**（展间 4，公元前 16 世纪）

这是用于祭祀的礼器，主体由 20 厘米高的黑色石头雕刻而成，还有黄金包裹的牛角、迷人的水晶牛眼、贝壳镶嵌的牛鼻。

★**持蛇女神像**（展间 4，约公元前 16 世纪）

它从克诺索斯遗迹中被发掘，雕刻得异常精细，在米诺斯文明中，蛇象征着生殖和繁衍，所以它的制造可能与人类繁衍子孙有关。

公牛头祭酒器　　　　　　　　持蛇女神像

★**黄金蜜蜂垂饰**（展间7）

它纹路细腻，精湛的工艺让现代首饰艺术家望尘莫及，有力地佐证了米诺斯文明的高度发达。另外，希腊非常著名的国民化妆品牌艾蜜塔就是用这个图案做标志的。

黄金蜜蜂垂饰

伊拉克利翁街景

## 【必看 25】迈锡尼和梯林斯考古遗址

梯林斯考古遗址 1

还记得《伊利亚特》中"多金的迈锡尼城"、被妻子杀死的希腊联军主帅迈锡尼的阿伽门农国王,以及杀死美杜莎的英雄珀尔修斯吗?传说是珀尔修斯建立了迈锡尼城。

迈锡尼和梯林斯是迈锡尼文明(公元前 15—前 12 世纪)中两座最伟大的城市。它们的城堡拥有最好的战略位置,城墙坚不可摧。迈锡尼和梯林斯是古希腊青铜时期晚期,最富有、最重要的王权宫殿中心。

如今的迈锡尼和梯林斯考古遗址位于希腊伯罗奔尼撒半岛的阿尔戈斯地区,由德国考古学家施里曼于 19 世纪发掘,并于 1999 年被列为世界遗产。

施里曼在迈锡尼著名的"狮子门"城墙内的竖井墓中,发掘了大批的金(约 15 公斤之多)、银、青铜器,以及珠宝、饰物和武器;并在其中一个墓中,发现了一个戴着金色面具的干尸,他激动地发电报给希腊国王:"我正凝视着阿伽门农的脸!"

但后来的研究证明,他错了——面具的主人,要比阿伽门农早好几百年。

来到这两处遗迹(它们相距约 20 公里),会让你仿佛回到 3500 年前,那时它们正处于宗教、政治、经济的顶峰。历经几千年的风雨,仍矗立不倒的巨石堡垒墙,依然气势逼人——难怪荷马在史诗中说它是"独眼巨人"建造的。

梯林斯考古遗址 2

## 二、神庙、剧场与体育场：民主时期建筑代表

历史和文化一直都在建筑的发展中起着极重要的作用。

古希腊的古风时期，因手工业、商业的发达，形成了城市与城邦，人们从泛神崇拜，开始崇拜英雄、守护神。整个泛希腊世界的圣域里，以神庙为代表的建筑布局形成了，人们用石灰岩、大理石，把神庙造得更优雅、明亮。这一时期的建筑主要采用三种柱式：多利安式、爱奥尼亚式和科林斯式。

到了古典时期，尤其在以少胜多大败波斯帝国后，以雅典为首的希腊城邦民族自信心高涨。希腊世界也迎来了为公众修建大型圣域建筑（神庙、大型剧场、体育场）的全盛期。

这也成就了古希腊建筑（包括雕塑、绘画）艺术的最高峰——雅典卫城。

【有趣小知识】

如何一眼分清古希腊建筑中最常见的三种柱式？

多利安柱式（男性柱）：矮壮、厚重、无柱基，柱头像一片方面包放在圆碗上。

爱奥尼亚柱式（女性柱）：纤细、优美、有柱基，柱头像弯曲的绵羊角（或卷轴）。

科林斯柱式（综合柱）：更纤细、华丽、有柱基，柱头像瓦片盖着的花篮（或王冠）。

古希腊建筑的三种柱式（左为多立安柱式，中为爱奥尼亚柱式，右为科林斯柱式）

帕特农神庙的正门（右边为伊瑞克提翁神庙）

帕特农神庙（Steve Swayne 摄于 1978 年）

## 【必看 26】希腊的国家象征雅典卫城

来到雅典,却没到卫城游览帕特农神庙?那你也白来希腊了……

这可是古希腊建造得最完美的建筑——规模宏大、前所未有,且完全用大理石(总共用了 2200 吨)建成,被誉为世界新七大奇迹之一,一直是雅典最壮美的风景(但想要全面欣赏它,只能去雅典的希腊国家考古博物馆看它的复原模型)。

雅典卫城原意为"高丘上的城邦",但它并不是一个城堡,而是大型的神庙建筑群,展现了古希腊人的建筑、雕塑、绘画水平,于 1987 年被联合国教科文组织确定为世界文化遗产。

卫城海拔仅 150 米,但在雅典城的各个角落都能看到位于制高点的帕特农神庙。卫城现存的主要遗迹还有卫城山门、胜利女神庙、伊瑞克提翁神庙、希罗德·阿提库斯剧场、狄俄尼索斯剧场等,还有近代设立的希腊国旗台(站在这里,能俯瞰整个雅典城),新的卫城博物馆也在卫城的脚下。

### (一)卫城山门

山门是卫城真正的入口。虽然现在剩下的只有很多根残破、粗大的多利安柱、爱奥尼亚柱,但它们依然气势逼人。

### (二)胜利女神庙

胜利女神庙在山门南侧,也被称为无翼胜利女神庙,采用爱奥尼亚柱式,前后柱廊雕饰精美,是为庆祝希波战争胜利而建。

山门和胜利女神庙

帕特农神庙（局部）

## （三）帕特农神庙

帕特农神庙一直在修复，从未被复原，一直被模仿，从未被超越。这座卫城最重要的古建筑，历经约2500年的沧桑，哪怕庙顶坍塌、浮雕剥蚀，哪怕你看过上千张它的相片，但当它出现在你面前时，依然会令你震撼得说不出话来……

在希腊语中，帕特农（Parthenon）是"贞女"的意思。神庙供奉的智慧与战争女神雅典娜，就是古希腊神话中的处女神之一，也是雅典的保护神。

雅典娜雕像再现

神庙在伯里克利执政时期重建（公元前447年），用时15年才全部完工。它的正面有8根、侧面有17根多利安柱，全部共46根，柱子高度达到10.5米、直径2米，神庙总面积达1200平方米。

内殿曾供奉着由著名雕刻家菲迪亚斯用黄金、象牙制成的雅典娜巨型神像，女神戴头盔、于捧胜利女神。如今美国纳什维尔市的百年纪念公园，收藏着复原的神庙与雅典娜女神像，我们可以凭借它们想象原作的风采。

神庙还曾充当过提洛同盟的"藏宝库"——雅典作为盟主，挪用了"公款"来重建卫城。但随着历史的变迁，神庙的经历极为坎坷：5世纪时，被古罗马帝国改为基督教教堂；15世纪，又被奥斯曼帝国改为清真寺（但直到此时，它的主体建筑仍是完整的）；1687年，威尼斯人和土耳其人开战，炮火击中神庙内的火药库，神庙彻底被炸成一片废墟；19世纪，英国的埃尔金爵士又把神庙内很多雕塑、门楣运回了英国，尽管希腊政府多次向英国追讨，但它们至今一直存放在大英博物馆。

帕特农神庙三角门楣上的雕塑

【有趣小知识】

帕特农神庙没有一条直线，这是为了适应人的视觉差异，并且全部使用了黄金分割比例。

最初的古希腊建筑，可能用了红、蓝、金三色涂料，但建筑的色彩没有留存到后世。

雅典卫城复原图

## （四）伊瑞克提翁神庙

伊瑞克提翁神庙位于帕特农神庙北面，是雅典卫城中爱奥尼亚柱式建筑的典型代表，设计非常精巧，它根据起伏的地形，利用狭小的空间，采用了不对称的构图法，这是古希腊神庙建筑中的一个特例。

神庙除了供奉雅典娜，同时还供奉了多个祭祀对象，如英雄伊瑞克提翁、雅典的第一个国王刻克洛普斯（雅典娜和波塞冬的裁判），所以神庙的结构才会如此复杂，有多个大厅。北厅用爱奥尼亚柱支撑；南厅用了6根大理石雕成的少女像柱支撑，建筑师巧妙地为少女设计了粗发辫、头顶的花篮，成功解决了建筑美学和承重的难题。

少女像柱

传说，雅典娜正是在这里用一枝橄榄战胜了海神波塞冬，成为雅典的守护神。如今，这里依然有一棵鲜活的橄榄树佐证女神的睿智。

伊瑞克提翁神庙

神庙前的橄榄树

## 【必看 27】新卫城博物馆：曾入围"世界十佳博物馆"

新卫城博物馆建于一处考古遗址之上，离帕特农神庙仅百米之遥。在卫城遍地的古迹中，它的现代风格尤为惹眼，占地面积是旧卫城博物馆的10倍。

该馆收藏了从爱琴海文明、古罗马时期，到被拜占庭帝国统治期间，于卫城的岩石和周围山坡上发现的4000多件文物。

整个卫城博物馆的建筑设计极其巧妙：

一是内部结构与帕特农神庙的内殿完全相同。游客服务区和楼层的机电设备被置于内里，无任何凌乱之感。二是引人注目的玻璃走廊。柔和的自然光透过玻璃射入馆内，给展品披上一层质朴的光，让你恍如进入时光走廊，在古老与现代之间徘徊；更神奇的是，你还能透过玻璃，360度地欣赏近在咫尺的帕特农神庙及雅典全城的风景。

新卫城博物馆

博物馆从下到上，共分为5层。

地下1层：考古发掘现场。

地面第1层（门厅展馆）：展示了从雅典卫城山下发掘的古代雅典人的

日常用品，如陶器、雕像、珠宝等，反映了他们日常生活和信仰的方方面面。

第2层（古代展区）：展示了卫城的胜利女神庙、伊瑞克提翁神庙的历史、结构及建筑物上的浮雕和雕塑。

第3层（露台）：多媒体厅和阳台、露台、餐厅。

第4层（顶层）：帕特农神庙专题展区，展示了帕特农神庙四面山墙的大理石浮雕，全部按原位置陈列，主题为神话故事，如雅典娜的诞生、希波战争等。和卫城隔窗相望。还有一个放映厅，用于介绍帕特农神庙。

胜利女神

## 【必看28】医神圣域和万人古剧场

还记得神话故事里,阿波罗的那个被宙斯劈死的医神儿子阿斯克勒庇厄斯吗?他在整个古希腊世界的许多圣地都受到崇拜,也许是那时的人们经历了太多的战乱与死亡,所以尤其崇拜能医治生者、又能让人起死回生的医神。

位于伯罗奔尼撒半岛的埃皮达鲁斯圣域考古遗址不但是祭祀医神的圣域,也是古希腊时著名的医疗圣地。这是古希腊古典时期的建筑,人们会在这里进行温泉疗法、睡眠疗法等医疗活动。1988年,此遗址被列为世界遗产。

遗址内,有一个小型考古博物馆,还有医神庙、运动场、医疗室、圆形神殿等遗迹,以及保存最完好、至今还在使用的古希腊万人大剧场——埃皮达鲁斯(意为春风拂过的山岗)古剧场。剧场最多可容纳1.5万人,完美地利用小山的自然坡度建造而成。

医神庙遗址

运动场遗址

剧场不但具有完美的音效——不需要任何扩音设备,在舞台中央撕一张纸,坐在最末一排的人都能清楚地听到;它还具有极致的视觉效果——整个剧场的平面,是个完美的几何图形。

埃皮达鲁斯古剧场的侧面

## 三、风格多样的城市建筑群：希腊化时期建筑代表

亚历山大大帝统一全希腊、又征服了亚欧非之后，帝国版图随着他的去世，而四分五裂，希腊却进入了与东方融合的希腊化时期，在建筑方面的表现就是让建筑的中心任务转向为新的城市化服务。

帕加马卫城重建图

建筑类型增加、风格多样，产生了一种结合露台、阶梯、双游廊的新型建筑类型。爱奥尼亚柱式逐步取代了多利安柱式，科林斯柱式也被更多地应用。

人们开始进行大胆的尝试，用街道和广场综合规划城市；在复杂的神庙周围，兴建行政、集会的建筑；神庙也不再是独立的建筑，开始融入城市环境中。

这一期间，比较有代表性的城市建筑是希腊化时期的帕加马卫城。帕加马（Pergamon，位于今土耳其的贝尔加马），是阿塔罗斯王朝的首都，曾一度为古希腊世界的主要文化中心之一。帕加马古城遗址于2014年被列为世界遗产，它的宙斯祭坛被送到德国，成为柏林帕加马博物馆的镇馆之宝。

帕加马博物馆的宙斯祭坛和浮雕

到了古罗马时期,古罗马人虽受古希腊人影响极大,但在建筑上他们更自信,他们的建筑也更恢宏,主要采用拱门、拱顶和圆顶结构。

古罗马人更乐意建造奢华的私家别墅、宫殿。古罗马帝国幅员辽阔,希腊化的建筑也遍布欧洲大地,甚至更远的地方。

有巨大拱顶的古罗马万神殿内部

## 【必看 29】塞萨洛尼基：亚历山大的故乡

人人都知道雅典，但位于北爱琴海，离雅典 520 公里的塞萨洛尼基，相信 99% 的中国人都没听说过。它是大名鼎鼎的马其顿王国的都城、亚历山大大帝和他的老师亚里士多德的故乡。

它是希腊第二大城市、巴尔干半岛重要的经贸中心，这里的大学生数量居全希腊之首——亚里士多德大学（希腊最大）和马其顿大学都坐落在这里。

海边的亚历山大大帝雕塑

城市以亚里士多德广场为中心，一边向海岸延伸，一边遍布历史古迹。每年 9 月初，这里都会举办一个巴尔干半岛规模最大、影响力最强的国际博览会（简称萨博会），尤其值得一提的是，中国分别在 1998 年和 2017 年作为主宾国，参加了萨博会。

公元前 315 年，马其顿国王卡山德尔（King Kassandros）在此建城，并以他的妻子、亚历山大大帝的妹妹（同父异母）之名，命名这座城市。此后，这里成为马其顿王国的首都，还成为古罗马、拜占庭、奥斯曼等帝国的文化宗教中心、军事要塞。塞萨洛尼基也是世界上保存第二完好的拜占庭城市，被称为"露天的拜占庭艺术博物馆"。

仅有 100 万人口的塞萨洛尼基，坐落在奥林匹斯山东北面、塞尔迈湾内。它身怀厚重的历史，也充满国际大都会的活力：城市中有多达 15 处古迹被列为世界文化遗产；又被评为"欧洲文化之都"和欧洲最宜居的城市。这里每年会举办各种各样的文化活动，如希腊国际电影节、塞萨洛尼基国际书展、国际艺术节等。

有游船、白塔的海滨长廊

## 【不可错过的景点】

### ★白塔

它是塞萨洛尼基最知名的地标建筑。这个滨海的灯塔建于15世纪,曾经被作为哨岗、监狱、刑场(绰号"血塔",后为呼唤和平,被粉刷为白色,并更名为白塔)。如今,它成为一个展示历史和文化的小博物馆,你可以登上塔顶,俯瞰城市和海湾,体会厚重的历史。

### ★亚里士多德广场

它是塞萨洛尼基主要的中心广场,周围有电影院、伊莱克特拉酒店,还遍布咖啡馆、餐厅、商店、酒吧,不但是逛街休闲的好去处,也是民众举办庆祝活动的地方。

白塔

亚里士多德广场

### ★伽列里乌斯凯旋门与圆形陵墓

在塞萨洛尼基主路安纳西亚大道边上的是伽列里乌斯皇帝(Galerius)于303年所建的凯旋门和圆形陵墓(但他死于塞尔维亚,陵墓并未使用)。

之后，圆形陵墓又被用作教堂、清真寺，如今已被列为世界文化遗产，当地人一直称其为圆形大厅。圆形陵墓直径超过 24 米，高度超过 30 米，是类似于古罗马万神殿的圆顶建筑。

★ **圣德米特里大教堂**

这是塞萨洛尼基最大的教堂，为纪念殉教的城市守护神圣德米特里（Saint Demetrius）而建，它是一个建在古罗马浴场遗址之上的拜占庭式教堂，以内部的精美壁画和马赛克闻名。

伽列里乌斯凯旋门与圆形陵墓

圣德米特里大教堂和内部

★ **圣索菲亚大教堂**

这是塞萨洛尼基最古老、最完整的希腊圆顶教堂，建于 8 世纪，模仿了君士坦丁堡的索非亚大教堂，被列为世界文化遗产。

位于塞萨洛尼基市区的圣索菲亚大教堂

★塞萨洛尼基考古博物馆

它绝对是历史爱好者的必去之馆,馆内收藏了来自古希腊和马其顿周边地区,从古风时期到古罗马时期的各种文物,如陶器、雕像、珠宝、武器等。其中最著名的要数出土自马其顿国王菲利普二世墓葬的金制品了。

★海滨长廊

和白塔在同一侧的海湾边,是塞萨洛尼基最受欢迎的海滨亲水地——漫步在爱琴海边,可远望奥林匹斯山,可乘仿古游船巡航(只需消费一杯咖啡)。广场上,俊男美女和矗立着的亚历山大大帝雕塑相映成趣。

★上城区

这个坐落在能俯瞰城市全貌的小山上的老城区,被称为上城区。其间,布满了传统的老屋、蜿蜒的古道、奥斯曼帝国时代留下的喷泉,以及被列为世界文化遗产的建于公元前4世纪的拜占庭古城墙和圣使徒教堂。

从上城区俯瞰塞萨洛尼基市区

第 5 辑
# 古希腊雕塑

雕塑是最能集中体现古希腊艺术成就的艺术形式之一。

直到今天,世界各地的学生们在学画时,素描练习对象依然是古希腊雕塑(石膏复制品),因为早在 2000 多年前,古希腊人就用青铜和大理石,定义了什么是"美"。比如,古希腊四大著名雕塑家之一波利克里托斯(Polykleitos)写了《法则》一文,总结了七头身比例(头身比为 1∶7)、经典的 S 造型等,这是目前已知的人类第一次以书面形式记录艺术规则,对后世影响极大。

## 一、古希腊雕塑的特点、用途与材料

### (一)两大特点:人体与多色

裸露的身体几乎是古希腊各个时代都关注的焦点。纯粹、美好的身体,体现了人的最高价值。古希腊人"以人为本"的理念无所不在,是古希腊艺术的核心,而环境、风景、氛围,统统都是次要的,这一点和我们古代注重意境美的艺术风格完全不同。

知名学者蒋勋说:所有人都应该感谢古希腊人,为人类找到了"美"的起点——人体的自由、健康之美。

尤其值得注意的是,古希腊的雕塑留存到今天,损失最大的是色彩。现在你看到的透着"古典美"的原色大理石雕塑、暗色青铜雕塑,其实它们曾经都是彩色的。所有石质雕像,都曾涂有艳丽的色彩;所有青铜雕像,都曾是闪亮的金色（嘴唇、伤口用红铜，眼睛还嵌入了宝石）。

帕特农神庙山墙上的浮雕

## （二）用途与材料

雕塑主要用于以下几类场合。

黄金、象牙制作的阿波罗神像

建筑类，如山墙浮雕、圆雕。

祭祀类，如奥林匹斯神像。

奉献类，如还愿小雕像。

墓葬类，如墓碑标志。

荣誉类，如广场政治性纪念雕像。

纯装饰类，如家庭小雕像。

雕塑的材料主要有以下几种。

木头，早期用在神庙雕像中，现已几乎全部遗失。

石头，后期渐渐放弃坚硬的石灰石，多用大理石。

青铜（铜与锡或铅的合金），杰出的雕塑家们最爱的材料，因为又轻又坚固，但因更昂贵，几乎都被后人销熔作他用，仅因海难、地震保存了少量青铜雕塑。

黄金与象牙，这是所有材料中最贵重的——黄金主要用来装饰神像外表，象牙用来装饰神像面部、胳膊等露出的部分。

赤陶：便宜但易碎，所以大型的陶像很少见，多为小型陶俑。

### （三）不同时期的不同风格

虽然希腊化时期的雕塑风格非常多元化，导致断代不那么准确，但总体上不同时期的雕塑仍各具风格：

古风时期的人物拘谨僵硬，有迷之微笑、杏眼珠发，给人一种稚拙感。

古典时期的人物写实、富有动感，身体比例准确，给人一种威严感。

希腊化时期的人物造型多样，雕刻手法华丽细腻，给人一种优美感。

有了对这些不同特征的了解，我们就有了一双特殊的慧眼，能更好地欣赏古希腊的雕塑。

## 二、古风时期：吸收借鉴古埃及艺术

公元前 6 世纪，古希腊开始进入古风时期，与古埃及、西亚等地区的贸易往来频繁，古希腊人有了文字，还用共同的语言固定了荷马的口头神话故事，全体古希腊人有了共同的神。

起初，古希腊人简单地模仿了古埃及的艺术风格，你一眼就能看出，古希腊雕塑与古埃及雕塑的雷同——僵直的躯干、拘谨的动作、迷之微笑。

但因为观念的不同，学生很快超越了老师，古希腊雕像逐渐个性化。

那时古希腊人为了敬神，经常举办各种运动竞技会，比赛中运动员们个个全裸出场——他们自豪于展示健美的身体。于是，不久后，古希腊的雕像就开始"动"起来了。

德尔斐考古博物馆的少男雕像

希腊国家考古博物馆的少女雕像
（注意她身上颜色的残留）

《荷犊者》

比如《荷犊者》生动表现了扛小牛的人的动作以及小牛的神态，整件作品表现出一种动态美。

又比如接近古典时期的《克雷提奥斯少年》这件看起来普通的雕像，却标志着辉煌的希腊古典艺术的开端，甚至被称为"艺术史上第一个美丽的裸体"。

因为它在结构上，与之前的雕塑有了根本的不同——少年的重心只在一只脚上，侧身站立。这是古希腊人创造的更符合解剖学原理、最经典的姿势，甚至直到2000年后，文艺复兴时期，米开朗琪罗的《大卫》仍然借鉴了这个站姿。

## 三、古典时期：雕塑艺术的顶峰

在希波战争胜利后的 70 多年，雅典成为提洛同盟的盟主，有多达 175 个城邦向其称臣纳贡。

雅典人财大气粗，邀请全希腊最顶尖的艺术家前来创作，于是希腊古典艺术的黄金时代来临了——它有如一颗璀璨的流星，把古希腊的天空全部照亮。

这个时期出现了四大著名雕塑家——波利克里托斯、菲迪亚斯（Phidias）、米隆（Myron）、普拉克西特列斯（Praxiteles），还有

《克雷提奥斯少年》

屹立到今天的融合绘画、雕塑、浮雕为一体的古典建筑精品帕特农神庙，很多杰出的青铜雕像也是此时创作的。

表现著名雕塑家菲迪亚斯向朋友们展示帕特农神庙上的浮雕楣板的画作

有两尊青铜雕像是古典时期雕像最好的代表，不容错过。它们因地震或海难，保存得较为完好。

一尊是战车御者雕像，德尔斐考古博物馆的"镇馆之宝"之一，它是西西里的僭主波莱扎洛斯（Polyzalos）向为纪念阿波罗而举行的皮提亚竞技会献上的宝物。

御者身着长袍，气质尊贵、神态从容。他的衣褶起伏如流水，眼睛用彩色玉石装饰，甚至连睫毛都根根分明。

**战车御者雕像**

另一尊是海神波塞冬或宙斯青铜雕像，它被列为希腊国家考古博物馆的"镇馆之宝"之一。

雕像表达出了古希腊人对人体的卓越观察，人像体格健壮、比例匀称、宽肩厚胸、双腿矫健，尽管镶嵌的眼睛已失落，但给人不怒而威之感，一改古风时期的呆板。

这到底是天神宙斯,还是海神波塞冬?取决于雕像右手丢失的武器——是雷电,就是宙斯;是三叉戟,就是波塞冬。

海神波塞冬或宙斯雕像(惠震宇)

同期优秀的作品还有很多,比如米隆的《掷铁饼者》,但可惜青铜雕塑的原作未能留存,我们看到最多的是古罗马时期的大理石复制品。尽管只是复制品,但仍然能让我们感受到完美的人体构造、流畅的肌肉线条,以及运动员在不断挑战极限时完全爆发的一刻。

值得注意的是,青铜的材料比大理石更轻,所以你会发现所有的大理石雕塑都多了一个桩子,用以固定和平衡。

总结出七头身、写了《法则》一文的波利克里托斯,他的经典作品是《持矛者》和《束发带的青年冠军》。同

《掷铁饼者》的大理石和青铜复制品

《持矛者》大理石复制品

《束发带的青年冠军》大理石复制品

样,这两件作品现在也只留存下来古罗马时期的大理石复制品。

这两件作品所展现的青年,肌肉匀称,一脚站立支撑全身,一脚微弯,整体充满动感,却又那么自然和协调。

普拉克西特列斯所创作的两件经典作品分别是《赫尔墨斯和小酒神》以及《尼多斯的阿芙洛狄忒》。爱神的雕塑虽然没有卢浮宫的《断臂维纳斯》那么有名,但却是古希腊艺术史上第一尊全裸的女雕塑。它打破了之前古希腊雕塑只有男性的惯例,正式开创了西方女性裸体艺术的先河。尽管原作已遗失,但古罗马人对这件作品十分热爱,留存了大理石复制品,让人仍能通过她 S 形的站姿、静谧的神态,感受到爱与美之神的魅力。

## 四、希腊化时期:东西方文化的融合

《尼多斯的阿芙洛狄忒》

其实,在西方雕塑史中,我们见得最多、也最著名的作品大多都来自希腊化时期。这时古希腊雕塑已从古典的崇高庄严,变得更生活化。威尔·杜兰特说:"原是拘谨而神圣的古希腊雕刻,突然表现出一种幽默感,这可以说是希腊化艺术的一项显著特征。"

希腊化时期，雕塑的题材更多元，既有主神、君王，也有边缘的小神、人物；雕塑的技巧更复杂，雕塑家们有意引导观众视线，让雕塑的身体、行为与空间融为一体。

著名的《拉奥孔》群雕取材于古希腊神话特洛伊战争的故事。作为太阳神的祭司，拉奥孔预知木马是敌人的诡计，会毁了特洛伊城，就警告同胞，不要上当，但却惹怒了偏袒希腊一方的雅典娜，女神为了惩罚拉奥孔，就派出两条巨蟒，去追杀他和他的两个儿子。

《拉奥孔》（大理石）

群雕表现的正是巨蟒缠绕下拉奥孔和两个儿子的痛苦时刻，充满了无言的绝望和极度的痛苦。

《拉奥孔》在西方艺术中被称为"人类痛苦的典型"。1世纪的老普林尼（Gaius Plinius，古罗马作家、《自然史》作者）认为它是古代雕像艺术中最伟大的成就；近代的温克尔曼评价它是"高贵的单纯和静穆的伟大"。

卢浮宫"镇馆三宝"之一的《断臂维纳斯》也是希腊化时期的著名雕塑。它在艺术史上占据着至高无上的地位，1820年被发现于爱琴海米洛岛的山洞里，距今已有2000多年。

《断臂维纳斯》

爱神雕像细腻的身体，有如一首优美的诗——S形的站姿、向下掉的裙子，都营造了强烈的动感。雕像高2米多，达到了理想的黄金比例，而丢失的双臂，成了永恒之谜。

卢浮宫的另一件"镇馆之宝"《萨莫色雷斯的胜利女神》仍出自古希腊，是少数幸存下来的希腊化雕像之一，而不是古罗马时期的复制品。

据史料记载，它是为了纪念一场海战胜利献给神的贡品，最初发现于爱琴海以北的萨莫色雷斯岛，是希腊化时期的雕塑杰作，其历史可追溯到约公元前190年。

虽然雕像的头部和手臂缺失，但仍能看出女神似乎正以翱翔状态降落到船头。

她的大翅膀、海风吹皱的衣衫，与之前古典时代的均衡、优雅与克制完全不同，雕像充分展现了胜利的喜悦。

《萨莫色雷斯的胜利女神》

希腊化时期的雕塑家们，不再只限于众神的题材，而是转向尘世表现芸芸众生，这些或可爱、或奇特、或悲苦、或荒诞的作品让古希腊艺术大放异彩。

现存于意大利罗马国家博物馆的青铜像《坐着休息的受伤拳击手》，拳击手脸上带血的伤痕、被打肿的眼睛、可能门牙被打落而向内陷的上嘴唇，以及失败者的沮丧等，都表现了创作者对人体结构与人物形象的深刻理解。

萨提尔是古希腊神话中酒神的随从，到了古罗马变成了农牧神，《睡着的萨提尔》表现的是萨提尔醉酒后在石头上休息的样子。人物松弛的状态，表现了当时人们艺术趣味的变化。古典时期雕塑的那种庄严、肃穆、高贵、优雅已经被生活化、个性化所取代。

《坐着休息的受伤拳击手》

《睡着的萨提尔》

## 【必看 30】希腊国家考古博物馆

坐落在希腊首都雅典市中心的希腊国家考古博物馆于 1889 年落成。这座新古典主义建筑,面积达 8000 平方米,有上下两层展示区、60 多个展厅。

希腊国家考古博物馆

如果你到了雅典,时间有限,去不了太多地方,那除了卫城之外,一定要来这里看看。因为它是希腊最大、馆藏最丰富、世界上最具代表性的博物馆之一。它像一本浓缩的历史画册,当你凝视这些上千年的展品时,就如同来了一场穿越时光的旅行。

### (一)必看此馆的两大理由

**历史悠久,藏品丰富**

藏品的时间跨度长达 7500 年(公元前 7000 年—公元 500 年),展示了古希腊文明的全景。

藏品不仅来自希腊本土,还来自环地中海的泛古希腊世界(包括埃及、意大利、塞浦路斯)的各个地区。

**保存完好，工艺精巧**

得益于深埋地下，距今几千年的历史器物尤其是黄金饰品保存得非常完好，上面的图案仍然纤毫毕现。很多藏品的精致与繁复程度，让人难以想象它们是几千年前的作品，甚至直到现在，街头还尽是它们的仿制品。

迈锡尼出土的金杯和金饰

## （二）馆内展品布局

展厅分为一楼和二楼，展品按历史顺序布展。值得一提的是，2023 年博物馆获政府批准扩建，预计这项含有屋顶花园的扩建工程将于 2028 年完工。所以，以下展品的布局介绍仅供参考。

**一楼布局**

- 1—2 号展厅：入口—博物馆大堂
- 3—4 号展厅：迈锡尼文明的文物
- 5 号展厅：新石器—青铜时代早、中期文物
- 6 号展厅：基克拉迪出土的文物
- 7—35 号展厅：雕塑
- 36—39 号展厅：金属制品
- 40—41 号展厅：古埃及文物
- 42 号展厅：斯塔萨托斯展区
- 43—47 号展厅：临时展览和演讲室

希腊国家考古博物馆的一楼导览

### 二楼布局

48 号展厅：圣托里尼锡拉文物

49—57 号展厅：花瓶和少数艺术收藏品

58—59 号展厅：赤陶雕像

60—61 号展厅：弗拉斯托斯·塞尔皮里斯展厅

62 号展厅：珠宝

63 号展厅：玻璃花瓶

64 号展厅：塞浦路斯出土文物

65 号展厅：教育展厅

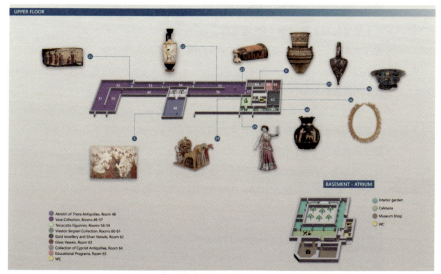

希腊国家考古博物馆的二楼导览

## 【不可错过的镇馆之宝】

### ★阿伽门农黄金面具（4号展厅）

这副已有3600年历史的面具就在博物馆入口最显眼的位置，其精巧与细腻让人惊叹！也力证了迈锡尼文明是何等强盛。

虽然，后来证明黄金面具的主人其实比阿伽门农还要早几百年，但面具的名字再没更改过——因为阿伽门农的影响力实在太大了。

### ★几何风格时期的墓葬纪念双耳瓶

来自雅典的卡拉梅奥斯墓地，制作时间约公元前760—前750年。

### ★古风时期的少年（8号展厅）和穿着华丽衣服的少女（11号展厅）

黄金面具

小骑手和马

★古典时期的海神波塞冬或宙斯雕像（15 号展厅）

★《小骑手和马》青铜像（21 号展厅）

它曾在大海中沉睡千年。小骑手专注的神情、夹紧战马的双腿、战马紧绷的肌肉，极富动感和张力。

★安蒂基希拉机械装置

绰号"命运之盘"，在地中海海底沉睡了 2000 多年。被认为是世界上第一台计算机，可能用来计算天文和日历，X 射线检测显示它内含超过 30 个机械齿轮。

★锡拉房间壁画（48 号展厅）

发掘于被称为"希腊庞贝"的锡拉（今圣托里尼岛）阿克罗蒂里遗址，壁画绘有燕子、百合、拳击少年及羚羊，被火山灰很好地保存于地下。

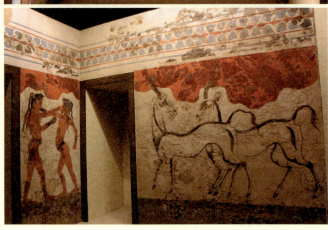

锡拉房间壁画

## 第 6 辑
## 古希腊绘画

绘画,在任何一种文明中,通常都是最重要的组成部分。但时至今日,古希腊伟大画家的作品大部分随时间泯灭了……这可如何是好?

古希腊、古罗马的作家们,为我们留下了丰富的记录,说明了古希腊绘画艺术达到了极高的艺术成就,古希腊知名画家备受推崇。

得益于近现代考古学的进步,我们能从出土的宫殿遗迹、被火山灰保护的壁画、墓葬中的石棺画、肖像画、镶嵌画、瓶画中,感受到古希腊绘画艺术之精湛。

陶器,作为最早的古希腊艺术品,贯穿了整个古希腊的艺术史。所以,留存最多的瓶画成了观察古希腊绘画的主要来源。当然,我们不能仅以瓶画来推测古希腊绘画的艺术水平。

### 一、消逝的推想:残存的壁画、镶嵌画、肖像画

#### (一)青铜时期的壁画碎片

青铜时期的爱琴海—迈锡尼文明的宫殿内、墓葬的石棺外,都装饰着内容丰富、人物繁多的精美壁画,主题一般为王宫的生活、为国王举行的喜庆活动等,但我们现在能看到的只是后世在原始碎片(占比仅 5% 左右)基础上推想和重建的。不过,我们依然能从中感受到不同地区文明的壁画风格的差异。

米诺斯文明的《献礼队伍》,是一幅在石棺上的彩绘。只见一群献贡品

的男女（女性肤色更白，身着长裙），分别把手中的礼物依次向前敬献。注意，深色为原始碎片，浅色为后世的补充。

《献礼队伍》

还有发现于克诺索斯王宫的壁画《逗牛》，再现了一个在公牛背上的少年所表演的逗牛杂技。

《逗牛》

1967年,在圣托里尼岛上发现的阿克罗蒂里遗迹,是约公元前16世纪毁于火山喷发的米诺斯文明古城。因火山灰的保护,3000多年前的壁画仍栩栩如生,渔夫、武士、猎人、劳作的女性、祭神的贡品、翻飞的燕子等,都充满了勃勃生机。这些壁画,大多保存在圣托里尼岛的锡拉史前博物馆和希腊国家考古博物馆。

迈锡尼文明的壁画尽管受到米诺斯文明的影响,但又发展出了新的特征——明显带有大陆尚武气息,他们常见的题材是手捧献礼的贵妇、参加战斗的士兵等。

阿克罗蒂里壁画局部

迈锡尼壁画残片

## （二）作家记录的古典时期画家

在最辉煌的古典时期，德尔斐和科林斯分别设立了每四年一次的绘画比赛，作为两地举行竞技大会的项目之一。但古典时期的绘画作品，却无一存世。

有几位绘画大师反复被传记作家们提起，比如会透视法的波利格诺托斯（Polygnotus），他曾为德尔斐神庙画过壁画，并且不收报酬，被雅典人授予"荣誉公民"称号；被称为"影子画家"的阿波罗多罗斯（Apollodorus），是实物写真的第一人，从他开始才算诞生了真正的绘画艺术。

老普林尼在《自然史》中，还记录过两位著名画家的一个小故事。宙克西斯（Zeuxis）、帕拉修斯（Parrhasius）为怎样才能画得更像争论不休。终于，在一次比赛中，他们有机会公开竞技了，一开始，宙克西斯志得意满，因为他画的葡萄竟有小鸟飞来啄食。他让人快快掀开对手蒙在画上的布，结果傻眼了——这布，竟是画上去的！

宙克西斯也大方认输，说："我只骗过了小鸟，而帕拉修斯，你却骗过了我。"

这是最早提到"错视画法"的记录，很好地说明了当时古希腊画家已能在二维的平面上，营造出三维的效果了。尤其是，两位大师争论的专业性：宙克西斯强调想营造纵深感，就要用"色调的明暗"，但帕拉修斯却主张"必须用好线条"才能以假乱真，这些都不是一个作家能杜撰出来的。

## （三）希腊化时期的残存

希腊化时期保存得比较好的壁画，发掘于韦尔吉纳遗址（世界文化遗产）的马其顿国王墓。

其中一幅壁画绘于菲利普二世陵墓正门楣的装饰带上。

壁画描绘了一幅充满自然之趣的狩猎场景——岩石、树木、各司其位的猎人。虽已非常模糊，但经过现代科技的复原，仍能看出古希腊绘画技巧的高超，扭转的身体、明晰的空间感，都表现得自然流畅。

在希腊化时期直到古罗马时期,极为耗时又奢华的马赛克镶嵌画,是贵族、富人们争相攀比的产物,也是身份的象征。

在塞萨洛尼基以西44公里的培拉(Pella)考古遗址就出土了一幅名为《猎狮》的大尺寸马赛克镶嵌画。还有一幅更大规模的《伊苏斯战役》,保存在意大利那不勒斯国家考古博物馆,它可能根据一幅古希腊壁画复制而成。

菲利普二世陵墓正门楣装饰带上残存的壁画

马赛克镶嵌画《猎狮》

马赛克镶嵌画《伊苏斯战役》

这幅马赛克镶嵌画约公元前 1 世纪完成,有人称"世上再也没有比它更伟大的镶嵌画"。它由多达 150 万块嵌片组成。画中,亚历山大大帝正骑着他的宝马、拿着长枪,向一脸恐惧的大流士三世发起攻击!

亚历山大大帝(《伊苏斯战役》局部)

## (四)古希腊的肖像画

古希腊的肖像画没有留存下来,但幸亏埃及的气候,保存了在其他地方都已腐烂的古希腊肖像画,如法尤姆木乃伊肖像画。该肖像画被绘制在木板或裹尸布上,主人公一般是当时的社会精英阶层,如宗教祭司、文武官员等。虽然法尤姆木乃伊肖像画被发现于埃及,但其绘画手法是纯正的古希腊风格——亚历山大大帝曾征服过古埃及,即使后来在古罗马统治下,希腊文化对古埃及的影响也并未减弱。

法尤姆木乃伊肖像画

## 【必看31】韦尔吉纳遗址：皇陵宝藏

韦尔吉纳（Vergina）是位于希腊北部的一个宁静小镇（离塞萨洛尼基约80公里）。它不但是马其顿王国的第一座首都，也是亚历山大大帝出生的地方，早在公元前7世纪，它就成为马其顿王国首都。后来，亚历山大大帝的父亲菲利普二世，于公元前4世纪迁都到了佩拉。

1977年，考古学家在这里发现了马其顿好几位国王（包括菲利普二世）的墓地，有多达300多座古墓，大部分未被盗挖和破坏。现在的韦尔吉纳遗址，由古城遗址（装饰有精美奢华的马赛克镶嵌画）、皇家陵墓群以及建在地下皇陵内的皇陵考古博物馆组成，该考古博物馆与陵墓的原始位置一致，专门收藏该遗址发掘的文物，前来的游客可以真切地感受古墓的氛围。

皇陵壁画《冥王绑架珀尔塞福涅》

金王冠和金棺椁

博物馆内，除了千万不能错过的墓穴壁画外，还有一定要细细欣赏的、让人惊叹的金制棺椁、金王冠、盾牌、珠宝等随葬品，从中能一窥马其顿王室的权力和财富。其中最有名的是菲利普二世墓中发现的金色太阳标志，这可能是马其顿王国的象征，也是亚历山大大帝征服世界的强劲动力。

1987年，韦尔吉纳遗址被联合国教科文组织列为世界遗产，作为"欧洲文明，从古典城邦向希腊化和罗马帝国过渡的特殊见证"。

皇陵考古博物馆入口

## 二、古希腊瓶画：一幅波澜壮阔的史诗连环画

### （一）古希腊瓶画的地位和影响

陶器作为人类最初的记录历史的"文本"，可以借助它们追溯史前文明。

在漫长的古希腊历史中，陶器先是满足日常生活的需要，再发展为艺术装饰品。那些保存完好、装饰精美的陶瓶，其实大多都来自于墓葬——不为实用价值，而是对另一个世界的象征性价值。

古希腊的瓶画就像一幅波澜壮阔的史诗连环画，主题有关于信仰的神话故事，也有关于俗世的场景，如酒宴、婚礼、葬礼、竞技、贸易等。

这些图画不但描绘了古希腊人的生活、精神世界，占据了他们的视觉，同时，它们所传达的娱乐、教育信息，又反过来塑造了全体古希腊人——想象一下，在那个没有书本、电视和互联网的时代，人们是怎样通过陶器上的瓶画，来给孩子们讲故事、和孩子们讨论外面世界的？

### （二）古希腊瓶画的发展阶段

#### 米诺斯—迈锡尼文明时期：曾经的活泼

这个时期米诺斯的瓶画是生动且活泼的，如同那时的壁画一样让人神往。克里特岛的陶器工匠们超爱大自然，他们在陶器上画怡然自得的大章鱼、画摇曳生姿的小花朵，一派生机勃勃的景象。

卡马雷西彩陶瓶

双耳喷口陶瓶

而迈锡尼这边，也许是因为尚武的特性，瓶画结构清晰，更规整，也更简朴，同时多了航海、战士的元素。

如双耳喷口陶瓶，就描绘了全副武装的士兵（有头盔、胸甲、护甲、盾牌、长矛、长矛挂着的补给品）一起出发战斗的样子。

### 几何风格时期

入侵的多利安人导致了米诺斯—迈锡尼文明的崩塌，古希腊从此进入了一个文化的"真空"期——即"黑暗时代"（公元前12世纪—前8世纪）。这时陶器上的瓶画，千篇一律的只是一些不断重复的三角形、圆圈、格子、波纹或平行线，甚至所插入的人像也是几何式的——人体的躯干是三角形、腿是圆锥形。

这些有着几何剪影瓶画风格的陶器，最早出现在雅典，常常用来做墓碑标志，大量出土自雅典的凯拉米克斯地区（古代雅典的陶工区，外区后来用作墓地）。

迪普利翁双耳细颈瓶，瓶身部分的图案就表现了一个葬礼的场景，架子上身着长裙的是女性逝者。瓶身上的回纹、人物扁平的形象、简单的站姿，很可能是受古埃及艺术的影响。

迪普利翁双耳细颈瓶

有动物花纹的科林斯广口水罐

### 东方风格时期

随着海外殖民的扩大和海上商贸的日渐频繁,古希腊经济增长、人口增多,一种新的瓶画艺术风格产生了,更多的题材进入了瓶画,如棕榈、荷花、山羊、野猪、狮子等动植物装饰纹样,神兽斯芬克斯(人头狮身)、格拉芬(人头鸟身)等,也重新作为古希腊瓶画灵感的源泉。

同时,在红色底上用黑色材料作画的黑绘(Black-figure)技法诞生了。

### 黑绘风格时期

成熟的黑绘瓶画是古风时期的主角。瓶身上绘制了大量的人物、故事场景,其中早期最具代表的黑绘陶瓶是用来稀释酒的弗朗索瓦瓶,瓶身上的黑绘描述了7个神话故事、容纳了多达270个人物、动物,简直就是一幅在陶器上的古希腊神话连环画!

到了古风时期晚期,黑绘已经在"陶艺与画技双绝"的埃克塞基亚斯(Exekias)这位大师的手里达到顶峰,如《阿喀琉斯与阿贾克斯对弈》图瓶以简洁的构图、微妙的动作细节差异——

弗朗索瓦瓶

《阿喀琉斯与阿贾克斯对弈》图瓶

阿喀琉斯放松地拿着长矛、阿贾克斯却抓紧了长矛，刻画出了这两位《荷马史诗》中性格迥异的英雄。它被认为是最伟大的阿提卡黑绘瓶画之一。

又比如画着酒神的酒神双耳浅酒碗，在浅酒碗的内壁绘画，难度更大，但大师充分利用了内凹的表面，描绘了被葡萄藤和海豚簇拥的酒神，神话故事与酒碗的用途完美契合。

酒神双耳浅酒碗

### 红绘风格时期

这一时期，建筑、雕塑等艺术领域都在飞速发展，很有可能因为当时著名绘画的影响，瓶画也进入了红绘风格的盛世——通过炉火的魔法，更加生动、逼真的图案跃然瓶上，各种人物仿佛随时会走出来一般。

黑绘（左）与红绘（右）对比

一个提水罐上描绘了古希腊神话中著名的"抢婚"事件——劫夺吕西普斯的女儿们，瓶画采用的就是红绘，人物充满了动态。后世著名巴洛克画家鲁本斯也画过同一主题，但在凹凸的陶瓶上作画难度更大。

瓶画艺术中还有一项巨大成就——白底彩绘。这项技法可能来自当时的壁画技法，兴起于公元前 450 年左右（晚于黑绘和红绘），似乎是为了模仿在大理石上作画的质感。白底彩绘是在白泥釉烧制后，用蛋彩绘画，画完不再进行二次烧制，主题多为表现哀伤、离别，场景也相对简单。比起黑绘、红绘的刻意，白底彩绘更清新、淡雅，瓶画家用简洁的笔触表达了细腻的情感。

阿提卡提水罐局部

劫夺吕西普斯的女儿们

白底彩绘细颈长油瓶

【有趣小知识】

如何一眼分清黑绘与红绘？

·黑绘，是用黑色的颜料，在红色或褐色的瓶身上作画，整个瓶身，多是红色的。

·红绘，是用红色颜料，在黑色瓶身上作画，整个瓶身大多是黑色的。

PART 3

轻 松 上 手 篇

第 7 辑
# 做自己"一生必游地"之旅的总设计师

## 一、旅游攻略看到吐,到底怎么安排行程才不后悔?

我们"去希腊"微信公众号后台,收到最多的留言就是——旅游攻略都看吐了,到底怎么选岛、选线路?

我太能理解这种心情了,毕竟,去希腊对我们来说路远、花钱多、麻烦,不像欧洲人抬腿就能走,大部分欧洲人去希腊距离短、假期多、还免签,每年都能去个希腊小岛度假。而我们绝大多数中国人,可能一辈子就去一次希腊——世界那么大,我们都想去看看呢!

所以,选岛、选线路、选季节,尤为重要。虽然,各花入各眼,每个人的喜好不同,但去希腊旅行仍有一些共性的地方,你了解后,就能做出更明智的选择、更智慧的安排。

### (一)了解自己,了解希腊旅行的特点

我环游过希腊 8 次,设计过很多畅销、好评旅行线路,我为你总结了"两个了解",需要你先静下来思考清楚,再动手设计你的专属行程。

#### 1. 了解你自己

对于这次旅行来说,你有什么?你想要什么?

你有几天假期?有多少预算?

你最担心什么?是担心看的地方太少?还是担心起早贪黑的"特种兵式"旅游太累?

你最重要的目的是什么?是度蜜月?是亲子游?还是观光打卡?(只取

其一，多了就容易混乱……）

你最不愿错过什么？是圣托里尼的蓝白世界？还是穿越千年的世界遗产？

请先记住：没有"完美"。

如果你的假期有限、预算有限、不想太累太挤，又想多去几个有名的岛、有名的城，那么你很可能面对苦不堪言的结果！

请记住：有舍，才有得。

## 2. 了解目的地

先清楚希腊有什么，才知道怎么取舍。

前往爱琴海的渡轮甲板

去希腊旅行，有3个特点：

路途遥远，耗时耗力。

岛屿众多，各有特色。

历史文化底蕴深厚。

（1）路远费力——给休整留时间

由于客源有限，到目前为止，全国直飞雅典的航班不多，也不是每天都有航班。所以，我建议选择转机的航班，一来航班多、出发地灵活，二来价格更实惠。转机耗费的时间，一般都在15小时以上，人会很累，一定要给休整预留出充分的时间。

安排旅行计划，要记得先扣去往返飞行的2晚，以10天假期为例，你能计划的时间，最多7晚而已。多数情况下，抵达希腊的当天，不宜再赶长途。

【注意】千万别被所谓的那种"××国一周游"骗了，它们几乎都是由一些根本没去过当地的人臆想出来的——让你把希腊分成北、中、南三部分，每个部分来个一周游，纯粹是胡说八道！

（2）岛多，要取舍——最好一次选岛不超过2个

据希腊国家旅游组织（GNTO）的数据，希腊有多达6000个岛，其中227个岛有人居住，世界知名的岛不下10个。

①希腊第一大岛：克里特岛（简称克岛）

不但是希腊面积最大的岛，还是爱琴海文明的发源地，几乎能满足你的所有愿望——蓝旗海滩、大峡谷、数不尽的考古遗址。克里特岛的缺点是在中国的名气不够大，若时间不宽裕，可作为次选。

克里特岛的潟湖海滩

②希腊第一网红岛：圣托里尼岛

前文已有圣托里尼岛的简介和它备受追捧的原因，得天独厚的人文、地理条件令该岛好地段的住宿费用一涨再涨，但我依然建议你把它列为也许一生一次的希腊旅行必到之地。

③希腊名流狂欢地：米科诺斯岛（简称米岛）

面积极小却有明信片般的景色、各种特色酒吧、能裸泳的天体海滩……

从这里中转才能到列为世界文化遗产的提洛岛。米科诺斯岛有"海岛刺客"之称——食宿价格高昂，还常有饭店、酒吧宰客。

【小结】圣岛、米岛是基克拉迪群岛中两颗最闪亮的明星,但如果时间、预算都有限,我建议只去圣岛。因为单考虑景色的话,米岛有的圣岛基本都有,而且更丰富,价格也稍低。

繁忙的蒂利尼港口

④扎金索斯岛(简称扎岛)

属于爱奥尼亚群岛,因韩剧《太阳的后裔》而大火,位于希腊的西部,路途遥远,从雅典前往需4小时车程再加1小时渡船,乘飞机约1小时。

扎岛上,有蓝得令人眩晕的沉船湾、蓝洞,岛上独特的国家海洋公园是海龟栖息地。整个岛郁郁葱葱,景点多、物价不高,值得多待几天。

⑤凯法利尼亚岛

爱奥尼亚群岛中最大的岛,也是敢于向纳粹说"不"的岛。

⑥科孚岛

爱奥尼亚群岛中离意大利最近、景观最丰富的岛,老城区被评为世界文化遗产。茜茜公主在岛上建有行宫。

⑦伊萨卡岛

英雄奥德修斯的家乡。

扎金索斯岛的沉船湾

【小结】你不太可能走遍这些岛，可以选1～2个爱奥尼亚岛屿，感受一下与基克拉迪群岛完全不同的风格，这些岛上的建筑更具拜占庭、威尼斯风情。

科孚岛上的阿喀琉斯像

⑧罗得岛

有着宛如梦境的"蝴蝶谷"和世界文化遗产。

⑨希腊第二大岛:埃维亚

这个岛最受想逃离城市的雅典人的欢迎。它由一座吊索桥与大陆连接,交通便利,有清澈的海水、宁静的村落、适合远足的山间小径。

⑩萨罗尼克湾三岛

离雅典很近,包括伊德拉、波罗斯、埃伊纳。萨罗尼克湾三岛游是时间紧张,不能跳岛游爱琴海的"微缩版"替代方案。

⑪哈尔基季基半岛

是村上春树的《雨天炎天》中"神秘的男人国"——阿索斯圣山的所在地。1988年,阿索斯圣山被列为世界遗产名录(自然和文化遗产)。

【小结】如果你喜欢独特风格的小岛,又有足够的时间(或有机会多次到希腊),上述欧美人眼中的宝藏岛,你也可以列入目的地!

阿索斯圣山上的东正教堂

(3)历史文化,底蕴深厚——提前做功课,收获更大

英国诗人雪莱说:"我们都是希腊人,我们的法律、文学、宗教和艺术

之根都在希腊。"

西方文明起源于古希腊,这些文明的遗产在古希腊灭亡后,又被古罗马人接棒,成为整个西方文明的源头。

希腊不大的国土上,却拥有着丰富的世界遗产——截至2023年,希腊共计拥有19项世界遗产(自然和文化双遗产共3项),位列世界第15位。

梅黛奥拉

梅黛奥拉女修道院中正在织布的修女(厉强)

除雅典卫城,不可错过的还有风景极佳、位于腹地的"天空之城"梅黛奥拉,以及希腊的第二大城市塞萨洛尼基。

了解希腊旅行的3个特点后,还一定要提前做功课,这也是我把古希腊神话、文学、戏剧、哲学、艺术等放在本书开篇的原因。去之前,先用知识丰盈心灵;到之后,用一双慧眼,看懂建筑、遗迹、雕塑背后的故事,才会收获满满!

卫城里看介绍的游客

## （二）用大象拼图，拼出你的"高定希腊行程"

虽然古希腊的范围很大，如果想一次旅行收获更大、体验更深，我建议最好一次只到访一处，这样才不会走马观花，疲于奔波。

现在的希腊版图，非常像一头长着三根象牙、坐在一个手掌上的大象，它还踩着块鲸鱼滑板、耍着一堆小球！

三根象牙——哈尔基季基半岛（象嘴是塞萨洛尼基）

一个手掌——伯罗奔尼撒半岛（含帕特雷、奥林匹亚古城）

两条象腿——阿提卡半岛（象脚是雅典）、埃维亚岛

鲸鱼滑板——克里特岛

一堆小球——爱琴海众多岛屿

大象尾巴——爱奥尼亚群岛

大象肚子——有两山一盆地（奥林匹斯山、品都斯山和色萨利盆地）

几乎所有行程的起点都要从希腊第一大城市、首都雅典（象脚）开始，因为它是国际航班的聚集地。

"象嘴"是希腊第二大城市塞萨洛尼基，前文已经对它进行了细致的介绍。

大象坐着的手掌根处,是希腊第三大城市帕特雷。帕特雷距雅典需两个多小时的车程。

从雅典去知名的岛屿,乘船都至少要大半天,快船能节约点时间,但封闭的船舱和颠簸的海浪会让人不适。

现在,你对希腊地图有一个大象图形的印象后,再规划行程,就清晰多了——从"象牙"到"象腿"、再到"鲸鱼滑板",距离很远,适合乘飞机前往;而"象尾"爱尼亚群岛和"小球"爱琴海众多岛屿之间,并不通船,必须从"象脚"雅典中转。

如果只对海岛感兴趣,假期又紧张,陆地可只安排雅典,再加1~2个岛就好;如果对历史文化、古迹城堡、宗教遗址感兴趣,且假期充裕,就可以把"象肚""象牙""滑板""手掌"都列入行程。

大象拼图

勿忘两条忠告——

给行程留有喘息的余地。

能住得近，就不要住远。

后文有为不同种类的旅行设计的行程，供大家参考。我们先来看看选什么季节去希腊体验更好。

## 二、不想到处人满为患？季节选对，体验翻倍

我们极大可能一辈子就去一次希腊，择时而行就是个大学问，季节选对，体验翻倍；季节选废，一切白费……

有条件的最好避开6月或9月前往，选择春秋两季的4—5月、10—11月去。原因如下。

### （一）天气好、花费也刚好

春秋天，气温最舒适不说，阴天极少，天晴海蓝，拍照才更出片，而且船班也正常。

春天，草长莺飞，古迹映着烂漫的山花、柠檬花、橙子花，还能见到花果一树！

秋天，天高云淡，各种色彩的三角梅开得绚烂，更有葡萄、无花果、大石榴，便宜又美味！

春秋两季的游客少，花费适中。避开了拥挤的暑假，航空公司的上座率、酒店的预订率，都开始走低，价格自然会下行——有时，价格甚至仅是旺季的50%！

春季4月鲜花盛开的圣托里尼岛

## （二）6月和9月，水温好，可以下水下海，畅快玩水

有句话说，如果没在爱琴海里裸泳过，那希腊就白来了！对我们中国人来说，4—5月和10—11月，在户外下水，还是比较冷的（爱冬泳的除外）。

纳普良小镇上春天的柠檬树

7月、8月当然更适合下水，但这时又贵、又挤，因为不光欧美人爱去希腊，希腊人自己也开始放长假，开车容易堵、乘船人挤人……住宿、吃饭、机票的价格会一路狂涨，服务质量却直线下降。

所以，外国人写的攻略，几乎都最不推荐8月去——气温与价格全年最高！希腊的景点，都少有高大的树木遮阴蔽日，每天在接近40摄氏度的高温下奔走、拍照，怎么吃得消……

10月的国庆黄金周，国际机票价格飞升，而10月中旬后，希腊阴雨天增多、渡轮班次减少，很多海岛上的酒店、商店会关门（圣岛、米岛是全年营业的），旅途又少了闲逛的乐趣。

秋天希腊的石榴树和水果摊

当然，如果你特别喜欢节庆狂欢，也可以试试在希腊的复活节、圣诞节等假期，去感受一下希腊人的热情。否则就别在这种人挨人的日子，花钱找罪受了吧！

## 三、先办签证，还是先订机票、酒店？这些坑，你别踩！

我们设计好了去希腊的旅行方案，还只是万里之行的第一步，第二步就是拿到希腊的欧洲申根签证。

必须得说，出境旅游虽然开放 20 多年了，但到目前为止，办欧洲申根签证仍相当复杂、费时。如果时间有限，我建议你找专业的机构代办，能节约你宝贵的时间、精力；若你时间充裕，或者想了解整个流程，那可以亲自处理。

但在讲解办理步骤之前，有必要先提醒你一些常见的坑。

### （一）办签证的那些坑

*假期还没确定，提前一个月办签证，总够了吧？*

考虑到欧洲人一贯的办事效率，加上从预约到准备材料，再到送签录指纹的种种步骤，最好在预计的出发日之前 2 个月，就开始准备；遇到暑期，像 7—8 月这样的旅游高峰时，甚至最好提前 2.5～3 个月筹备，才比较保险。

我亲历过 8 月 30 日预约送签时间，只约到 10 月 10 日，加上领事馆审理签证材料须 10～15 个工作日，也就意味着 11 月才可出行。

办理希腊旅游签证简要流程。

第一步：预约送签证材料的时间。

第二步：准备签证申请材料。

第三步：去签证中心递交材料、按指纹。

*办签证需要机票、酒店预订单，网上有特价，我就直接付款订了吧！*

这也是我朋友遇到的真实案例——本想趁暑假带孩子去看世界，准备签证材料时，看到网上有便宜的机票、酒店，就直接付款确定了，但却没注意预订条款写明：不退不改。结果签证被拒，订机票、酒店的费用全部损失了……

其实，你只需要按行程，在旅游网站预订可免费取消的机票、酒店即可。切记：别为了一点优惠，预订不可取消的酒店、机票。签证拿到手，才是最稳妥的，切勿因小失大。

【注意】除非已拿到签证，否则不要取消任何预订！因为领事馆可能会去核实，如果无预订记录，就会被拒签。

领事馆签发的签证有效期紧扣你航班的起落日期，一定要反复核对，确定好日期。

办签证要我的工资卡账单，还要求2万元余额，那我就赶紧存一笔吧！

领事馆审核此项签证材料的目的，是看你是否有稳定收入且能负担得起去欧洲旅行。所以，才需要在一张银行卡内体现连续3～6个月的稳定收入记录，并且余额充足。

你临时存进去一笔钱，等于在和领事馆说我平时都没钱，只是为了办签证，才专门存的。反而让领事馆认定此人收入不稳定，根本负担不起旅行费用，所以动机只是想非法移民。结果就是被拒签……

不想让领导知道我出去玩，在职证明上不留他的电话也无所谓吧！

在职证明是以受雇上班为收入来源的签证申请人证明自己有稳定收入的另一项重要证明，包括工作年限、职位、月收入、上级证明人及联系电话等信息。领事馆会致电核实，如果证明人电话无人接听，或是证明人对你的出游一概不知，也会100%拒签。

## （二）希腊申根签证办理步骤

在办理希腊申根签证之前，需要先明确前往希腊的目的是旅游？还是商务、探亲？是只去希腊一国，还是再去其他申根国家？

我们以旅游签证申请为例，介绍一下办理步骤。

### 第一步：预约送签证时间

选你有空、签证中心也有空的时间，去递交你的签证申请材料。注意选和你的护照签发地或常住地相对应的希腊签证申请中心。

### 第二步：上官网，用英文填表

上希腊签证申请官网（https://cn-gr.gvcworld.eu/cn），先注册、再填表，核对后导出 PDF 文件打印申请表，并下载办理所需材料清单。

### 第三步：按分类和清单，逐一准备材料

这是最复杂、耗时的一步。虽然所需材料很庞杂，但其实分一下类，就会容易很多。

#### 身份类

· 护照：原件，首页复印件 2 份，以往所有签证复印件 1 份。

· 护照照片：3.5 厘米 ×4.5 厘米。

· 户口本：原件，所有页面复印件 1 份。

#### 家庭类

· 已婚人士：结婚证复印件。

· 学生 / 未成年人：英文在校证明、出生证原件、亲子关系公证 – 认证等原件、父母的工作类资料、父母出资的证明、父母未随行的同意信等。

#### 工作类

· 在职人员：英文在职证明信 [ 需证明月薪、职位，担保会按时回国的证明人的联系电话、公司营业执照（复印件加盖公章）]。

· 退休人员：退休证复印件。

· 自我雇佣、务农、无业人员等：收入说明信、能证明工作性质的合同、进出账单等复印件。

#### 资产类

· 工资卡的银行对账单（原件）：3～6 个月、有一定余额的要求（可用每天不少于 120 欧元旅游费用来计算）。

· 其他佐证（复印件）：房产证、机动车登记证、股票基金买入卖出记录单等。

#### 旅行类

· 行程单：做一个含酒店和行程的英文表格即可，也可用各类 App 导出

计划行程。

・机票预订单：可在机票预订网站上预订可取消的机票，再在订单页面申请发送英文预订单。

・住宿预订单：可在旅游网站上预订可取消的房间，再导出预订单。

・医疗保险：保额需要满足要求（保额不低于3万欧元，包含医疗费和医疗遣返费），在订单页面申请发送保单。

【注意】所有材料以官网为准，且领事馆有权让申请人补充材料或面谈。

递交申请材料的签证中心

第四步：前往签证中心递交材料、录入指纹、支付费用

去签证中心送材料时，一定不要迟到，同时也要做好心理准备——你的很多材料会被认为不合格，但也不用太担心，让你改就改、让你补就补，需特殊说明的，就发一封英文解释信给领事馆。另外，目前签证费用可用支付宝现场支付。

第五步：出签后，领取护照并核对信息

建议在第四步送签时，选择快递寄回你的护照，这样就不必再浪费时间跑一趟了。一定要核对签证上的姓名、护照号、停留时间，以防领事馆出错，导致你无法入境。

【有趣小知识】

什么是欧洲申根签证？

申根签证源于德国、法国、荷兰、比利时、卢森堡五国，1985年在卢森堡的申根小镇上，五国签订了《关于逐步取消边界检查的条约》（简称《申根协定》）。

该协定旨在欧洲内部实现"旅行自由、取消边境"，以推动欧洲一体化发展。

凡加入该条约的国家即为申根国，取得其中任一申根国的签证（即为申根签证），可在一定条件下，用此签证前往其他申根国。目前，申根国家已达29个，并且还会再增加。

## 四、拆解食、宿、行、游、购、娱，教你省下一张机票钱

我们已经知道决定一次旅行费用高低的是你选择在什么季节出行——游客少，收费就低。淡季（4—6月和9—10月）兼有宜人的天气和较高的性价比；在寒冷的冬天出行，价格全年最低（圣诞节除外），虽然冬季的希腊也别有魅力，但更适合有多次机会到希腊旅游的人。

在旅行的方式上，是选旅游公司的包价旅行线路，是跟别人拼团，还是自由行，要先看你自己是喜欢省心省力，还是不受束缚。总的来说，跟团旅游，肯定会比自己包团或自由行更省钱，但缺点就是按部就班、时间受限。

飞机上俯瞰雅典的港口（惠震宇）

下面我从一次旅行的食（吃饭）、宿（住宿）、行（交通）、游（游玩）、购（购物）、娱（娱乐）6个方面，给你支着，帮你省下一张机票钱！

可以按照必须花的硬支出和可选的、锦上添花类的软支出来拆解省钱的门道。

### （一）必须花的硬支出：行、宿、食、游

**行：大交通 + 小交通**

行，在旅行花费上排第一位，去希腊旅行的交通费用大概会占旅行费用的一半，甚至更多。

大交通：指国际航段。选旅游团时，须看清是直飞，还是转机，是星级航空，还是廉价航空。

【大交通省钱小窍门】

（1）选好出发与预订的时机。

选在淡季出发，同时避开中国和希腊的黄金周。预订时避开周末（因为预订人流会增多），一般周二、周三的机票价格比周末低。

（2）选转机航班，同时直接订好往返程。

在迪拜、阿布扎比、多哈等中东城市转机，还可以留点时间顺道游览转机地，又能缓解长途飞行的疲惫。

（3）注意廉价航空的坑。

廉价航空除不提供饮食外，还有各种隐藏费用，如选座费、行李费、不退不改的损失费、打印登机牌的费用等。

（4）善用比价网站。

可以上携程、去哪儿、飞猪、Skyscanner、Kayak、Google Flights 等比价搜索网站比价，同时注意及时清除 Cookies（网络跟踪器）以防止"杀熟"。

小交通：指希腊当地的旅行衔接，比如飞机、渡轮、用车等等。如果好几个人一起出行，分摊包车和私人导游的费用是简单又省心的方式。如果时间宽裕，可以多用希腊的公共交通，像地铁、长途巴士等。如果时间有限，一定要乘坐飞机上岛，这样能至少节约出一天的游览时间（渡轮易受天气、罢工的影响）。

值得一提的是，租车虽方便，但会遇到道路质量差、不熟悉交通规则、停车位难找的窘境；并且，用中国驾照在希腊开车，并不合法。在国外旅行，一定注意始终把安全和守法放在首位，以避免不必要的麻烦和风险。

【小交通省钱小窍门】

（1）城市内打车，用类似 Uber 等软件，会更实惠。

（2）跳岛游最经济的方式是乘慢船上岛（快船贵，且易晕船），能到甲板上吹风、拍照，还可以订夜船，省出一晚住宿费。可用 ferryhopper.com 直接预订渡轮票。

（3）步行、骑自行车，省钱又健身，还有沉浸式的旅行体验。

（4）巧用雅典公交套票，比如 1 日通票、5 日通票，可在时段内无限次乘坐几乎所有公共交通工具。只有 3 天旅游套票才包括机场往返交通。

【注意】

7 岁以下的儿童可以免费乘坐所有交通工具。

65 岁以上的老年人、18 岁以下的青少年、25 岁以下的大学生，可以购买优惠票。

一定不要逃票，一旦被抓到，会面临高达 60 倍的罚款！

希腊常见的慢船渡轮内部情况

雅典的公共交通特写

## 宿：季节和位置决定一切

住宿在旅游花费中占比排第二，极大地影响一次旅行的质量——你是否休息好，决定了你能否有精力在有限的时间内玩得更开心，而且酒店的位置也决定了你的行程，你需要决定"旅行"，还是"旅游"？

爱彼迎住宿预订平台

当然，好位置的酒店价格不便宜，但若综合考虑省下的打车费、时间，以及为了更好地游玩，还是值的。出于安全考虑，我建议住星级酒店。

同时，旅游淡季与旺季酒店的费用，甚至会差几倍。

【住宿省钱小窍门】

（1）巧用共享住宿平台，如爱彼迎、国际比价网站（如Skyscanner、Booking等）。

（2）巧用国际连锁酒店的积分，可换取优惠，甚至能免费。

（3）提前预订不急躁，一般优惠会更多，但要注意预订的取消政策，不订不可取消的住宿房间。

（4）注意酒店推出的特别优惠套餐，如"付三晚，住四晚"或团体促销活动等。

（5）一定要订带早餐的住宿！不但能节约时间，有时你享用了一顿丰盛的自助早餐，甚至能直接省下午餐的花费。

路特奇海边温泉酒店海景阳台房

五星级酒店丰盛的自助早餐

### 食：吃得美又实惠

我们带着一个中国胃，都担心去国外吃不惯，但凭我这么多次到希腊的经验，还真不用担心。因为，希腊以美食闻名欧洲，而且希腊人的健康地中海饮食备受推崇——新鲜的橄榄油、蔬菜色拉、低热量的鱼和海鲜、全世界都爱的希腊浓酸奶等。我甚至还在酒店的自助早餐里吃到过泡椒！

希腊国菜穆萨卡

跟团旅游，也不用担心，一般会安排中式团餐。

强烈推荐你尝一下希腊国菜——穆萨卡，这是用羊肉、土豆、茄子配上奶酪、面包屑，烤足一小时的菜，香味浓郁、回味无穷……

【餐饮省钱小窍门】

（1）点菜：只点希腊本地传统菜，因为法餐、日式料理之类的菜式一般较贵。

（2）选餐馆利用"面包沙拉法则"：面包片在1欧元、沙拉在7欧元以下，说明价格实惠，反之较贵。

（3）实惠又美味的小吃：街头巷尾都有的烤肉串、菠菜派（Spanakopita）、希腊卷饼（Gyros），一般仅几欧元便可解决一餐，是比麦当劳、肯德基更好的选择。

（4）超市买酒：低至4欧元就能在超市买瓶不错的葡萄酒，比在餐厅和酒吧喝便宜得多。

（5）自己动手：提前选有厨房设施的住宿，逛逛当地的菜场，这也是一种别样的体验。

（6）带上水杯，在公共饮水机处加水，省钱又环保。

菠菜派

希腊街头常见的希腊卷饼

在雅典卫城喝水的游客（厉强）

### 游：门票（讲解员／导游）

其实在希腊旅行，"游"反而费用占比并不高。因为公园、广场、教堂、大学都是免费的，甚至有些古迹可以隔栏相望，未必一定要入内。

你也可以通过"优先项＋组合"的方式，来节省费用。

优先项：优先安排必游城市、必到景点，比如到雅典，探索卫城就是必不可少的。

网站预订雅典古迹淡季5日套票（含卫城）

日期&进入时段

网上预订雅典5日套票

组合：用套餐的方式买门票，利用套餐内包括的音频导览讲解或官方导游（英文讲解）的方式，来节约支出；用"知名岛＋不知名岛"的组合选岛方式来平衡支出。

【游玩省钱小窍门】

（1）利用好景点、博物馆的联票。

比如你能在雅典多待两天的话，一定要买"雅典卫城5日7古迹套票"，包括卫城、古集市、古罗马广场、哈德良图书馆、宙斯神庙、凯拉米克斯遗址、吕克昂学园。如果喜欢游览博物馆，可以买博物馆3日套票，包括希腊国家考古博物馆、铭文博物馆、钱币博物馆、拜占庭和基督教博物馆。

（2）利用好门票免费日。

一般情况下，以下这些日期可免费进入希腊文化和体育部管理的考古遗址、历史遗址、博物馆：

· 3月6日，纪念已故文化部部长。

· 4月18日，国际古迹日。

· 5月18日，国际博物馆日，多数私人博物馆也免费。

· 9月的最后一个周末，欧洲遗产日。

· 10月28日，希腊国庆日。

爱琴海落日

·11月至次年3月每月的第一个周日，冬季促进旅游业发展的福利。

儿童、学生、老年人等都可享受一定的折扣或免费政策，要注意携带证件，并在售票处询问。

## （二）可选的软支出：购物、娱乐

### 购物：丰俭由人的文化体验

世界各地的旅游达人们，都说在希腊购物是种享受，因为你不但能找到物美价廉、希腊独有的伴手礼，比如天然海绵、诸神雕塑、橄榄制品、手工首饰等，店主们还热情得直接把你当朋友！一定要利用购物的过程来体验一下当地的文化。

作为非欧盟国的游客，在希腊大陆同一家店购物，只需超过50欧元就能享受最高达24%的增值税退税（非欧盟居民可退回购物增值税，岛屿退税率一般较低）。

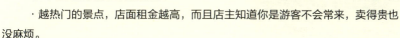
街头的可爱明信片和小房子模型

【购物省钱小窍门】

（1）问当地，买当地。

·多问问当地人（你的朋友、酒店员工等），因为他们知道哪里买东西最有性价比。

·多探索当地市场和小商店，不但能讨价还价，价格也更合理。

（2）避开热门景区购物陷阱。

·越热门的景点，店面租金越高，而且店主知道你是游客不会常来，卖得贵也没麻烦。

（3）现金与信用卡。

·最好带一些现金，在小店、岛上会有更多优惠。

·刷卡付款比从当地的ATM机取款再买划算。

（4）实用为主，小心古董。

・能吃的希腊特产（像橄榄油、蜂蜜、葡萄酒等），比纯装饰性物品更实用。

・随时记得你行李箱剩余的空间，除非你打算付邮寄费，不然别买过大、过重的东西。

・选购古董、珠宝类贵重物品要小心、再小心，必须提前先了解希腊出口古董的限制。

### 娱乐：抓住一切开怀的机会

在希腊，有潜水、高尔夫等花费较高的娱乐项目，也有海滩日光浴、街头艺术家表演的免费娱乐选项。注意提前关注你前往时间段当地的节日、文化庆祝活动，它们通常免费，为你提供了融入希腊传统的绝好机会。

在克里特岛玩风帆的人

圣托里尼岛拉手风琴的男孩（厉强）

**【娱乐省钱小窍门】**

（1）买杯饮品，找个观赏日落的最佳位置，看海天一色、看夕阳与人潮，愉悦且免费。

（2）加入希腊人饭后的集体舞蹈，不必害羞，只需学点基本动作，这样的夜晚会让你终生难忘。

（3）善用节日和庆典。从参加帕特雷的狂欢节，到尼米亚的葡萄酒节，都是与当地文化互动、体验希腊乐趣的极佳方式。

（4）看一场露天电影，或去小剧院看演出，尤其是在千年古迹听一场音乐会，星空下的现场会瞬间让你觉得自己穿越到千年前的古希腊。

（5）深入文化中心、艺术工作坊，欣赏艺术，学习传统手工艺。

（6）与众神同行的徒步。萨玛利亚峡谷、奥林匹斯山、伊庇鲁斯的维科斯峡谷，都是可以免费欣赏震撼美景的好选择。

卫城降旗仪式

夏季在雅典古罗马集市举行的古典音乐会

第 8 辑
# 这些旅游灵感,抢先知道

## 一、蜜月游

### (一)蜜月游的两大原则

钱锺书先生在《围城》里借赵辛楣之口说:"旅行是最劳顿、最麻烦,叫人本相毕现的时候……结婚以后的蜜月旅行是次序颠倒的,应该先同旅行一个月,一个月舟车仆仆以后,双方还没有彼此看破,彼此厌恶,还没有吵嘴翻脸,还要维持原来的婚约,这种夫妇保证不会离婚。"

真是辛辣又智慧!我们想象中的蜜月旅行,似乎只有浪漫,但却忘了现实中时时刻刻充满着考验。自由行,你们得做攻略、订酒店、订机票、办签证;跟旅游团,你们得选线路、签合同,之后还要打包行李、赶车、赶船、赶飞机。在外旅游,每天出门得带钱、带卡、带手机、带相机……

对 24 小时都得待在一起、还未沾染柴米油盐的新婚夫妇来说,蜜月游是一项挑战——哪怕是芝麻绿豆的小事,都会被放大为"三观不合"的冲突。日本有个"成田离婚"现象,很多新婚夫妇蜜月旅行一下飞机,就在成田机场直接分手了,就是因为经历了旅行中的种种分歧,过分放大了对方的缺点。

所谓一念天堂,一念地狱。

蜜月游的第一原则——心态大过天

情侣历经爱情长跑,走入婚姻度蜜月,正面、感恩的心态万分重要。

心态大过天,有两方面的意思。

海边做瑜伽的情侣

第一，遇事冷静，不要抱怨。一路上难免会有变化、纰漏，遇上了绝不可急躁跳脚、互相指责。务必先保持平和，冷静才能妥善处理意外情况。

第二，做好分工，彼此感恩。蜜月旅行要提前做好分工。比如，男的扛箱子、女的整理琐碎物品，要时时向对方表达感谢。

带着平和与感恩的心态，一路牵手赏美景，蜜月旅行将是你们婚姻最美好的开始。

### 蜜月游的第二原则——勿贪多求全

无论是在行程的安排上，还是岛屿的选择上都是如此，一定要尽可能地简单。

比如在游览雅典之外，再加一到两个邻近的岛，就比"跳岛游"更好。因为这样时间才不会被浪费在渡轮上、机场里。

无论你选择民宿还是酒店，首要注意的还是安全与位置！一定要选方便出行、靠近重要景点的安全住处。如前所述，住宿的选择极大地决定了你蜜月游的质量。

雅典街头的情侣（厉强）

其次，更建议多晚连住——因为价格更合适、不必每天收拾行李。尤其是在岛上连续住 3 晚，你都会觉得时光匆匆！千万不要起早贪黑、打一枪换一个地方地住，你们是度蜜月的，不是搞突袭的。

### （二）蜜月建议参考行程

前文已有选岛、选线路的建议，现在我们以 12 天假期为例，设计一个蜜月游的参考行程，此行程包括了最热门的圣托里尼岛和扎金索斯岛，同时提供了好几种上岛选择，你完全可以根据假期的多少、是否增加希腊境内的航班来调整行程。

但别忘了，扣掉国际段航班的 2 晚，12 天行程也仅有 9 晚 10 天在希腊境内哦！

| 行程日期 | 行程概要 | 住宿 |
|---|---|---|
| 第1天 | 国内出发地—雅典<br>前往雅典市区入住、休整——时间允许，可在宪法广场周边走走<br>景点：宪法广场、国家花园、哈德良拱门、宙斯神殿等 | 雅典 |
| 第2天 | 卫城（视时间，可增加卫城博物馆）<br>逛街：普拉卡一带的女人街、跳蚤市场、古市集遗址等<br>景点：国家考古博物馆、泛雅典娜体育场（现代第一届奥运会举办地） | 雅典 |
| 第3天 | 雅典（一早乘慢船，7～8小时）—圣托里尼岛<br>景点：费拉镇，有名的蓝顶教堂就在这里 | 圣托里尼岛 |
| 第4天 | 圣托里尼岛<br>可作环岛游，看酒庄、古迹，在伊亚小镇散步，看爱琴海最美夕阳 | 圣托里尼岛 |
| 第5天 | 圣托里尼岛<br>可乘船出海，或去红沙滩、黑沙滩游泳，享受海滩休闲时光 | 圣托里尼岛 |
| 第6天 | 圣托里尼岛—扎金索斯岛<br>早起乘飞机，从圣岛经雅典转机，前往扎金索斯岛<br>视航班时间，有2种选择。<br>1. 直接转机前往扎金索斯岛（注意留足转机时间）<br>2. 前往雅典市区，转乘长途汽车和渡轮，约5小时抵达扎金索斯岛 | 扎金索斯岛 |
| 第7天 | 扎金索斯岛海滩<br>穿越蓝洞、俯瞰沉船湾 | 扎金索斯岛 |
| 第8天 | 扎金索斯岛环岛游<br>在镇上闲逛、看岛上古迹 | 扎金索斯岛 |
| 第9天 | 扎岛—雅典<br>有3种选择。<br>1. 可乘机飞回雅典，在市区休整一晚<br>2. 返雅典的途中，看奥林匹亚古遗址，住科林斯（或路特奇，离雅典1～2小时车程）<br>3. 乘长途车和渡轮返回雅典，住在雅典市区 | 雅典 |
| 第10天 | 雅典—国内<br>最后一天可根据航班时间灵活安排，但要给退税、办行李托运留下充足的时间 | |

【蜜月游小窍门】

（1）把扎岛换成靠近圣岛的纳克索斯岛，是轻松且省钱的替代方案，因为去扎岛路途遥远，不乘坐飞机，单程要花5个小时，即使连住3晚，你真正能在岛上享受悠闲、拍照的时间也不宽裕。

（2）有一种节约时间的办法：下国际长途飞机后，不出雅典机场，直接转机飞往圣岛或是扎岛，但要注意风险，如果前一段航班延误过久，会导致错过后面的航班，而且人也会很累。

（3）为什么没有推荐米岛？因为去米岛不但贵，而且米岛更适合单身人士，对度蜜月的人来说，真的又贵、又吵。如果一定要去米岛，可少在圣岛待一晚，将时间分配给米岛。这两个岛每天都有航班往来，所耗费时间大多为3～4小时。

在伊亚等待落日的情侣（厉强）

在梅黛奥拉纪念银婚的爱侣

（4）如果喜欢宁静的海边，在雅典的前两晚可直接住在海滨温泉小镇路特奇附近，可悠闲漫步于美丽的海滨小城，还能就近看看科林斯大运河、埃皮达鲁斯万人古剧场、多金的迈锡尼遗址、纳普良小镇等。

（5）如果喜欢历史文化、假期又多2天，可探索希腊腹地的德尔斐、梅黛奥拉，住一晚再返回雅典。

（6）带上婚纱、情侣装（男士戴领结更上镜），可顺手拍几张简约的婚纱照；衣服色系按照在海边时选暖色系、游览古迹街景时选冷色系，更能形成对比。

## 二、退休游

退休的你，终于拥有了一切——拥有梦想中的闲暇、金钱。带上一颗追求梦想的心，向着早就在人生梦想清单上等你多时的老朋友——希腊，出发吧！

年龄渐长，随着体力与兴趣的变化，我们的旅行方式也从年少时的不知疲倦，变成更轻松、舒适，更富人文内涵。

关于希腊退休游，总的来说，有以下几个建议。

首先，每日行程不可太紧张，时间也不宜太长（后文附参考行程，建议2周为宜）。

其次，在目的地的选择上，可多选择有文化底蕴的地方。在凭海临风处，悠闲喝咖啡、赏海景，胜过马不停蹄地赶路。

牵手走在街头的长者

最后，选择住宿时，需要选安静舒适、交通便利的住处。

退休游和亲子家庭游类似，参加全包式的旅游团或和老朋友们单独组一个定制小团，是更省心省力的方式。

旅行的同时，要学会随时让自己沉浸在快乐的氛围里——

随着小酒馆里的传统音乐，和当地人一起摇摆身体；

在街头广场，驻足欣赏舞蹈表演，为表演者喝彩；

在游轮上，吹海风、看海豚跳跃，扔面包喂海鸥……

参加旅行团和在度假村日光浴的长者们

用心感受中西方文化的差异，让生命在行走中丰盛！

我为长者设计的退休游参考行程，整体行程紧凑不紧张，全程不长，并且涵盖了8个世界文化遗产（其中2个是自然和文化双遗产），还包含知名的岛屿。

你可以在此行程的基础上，再依个人喜好、实际情况做调整。

| 行程日期 | 行程概要 | 住宿 |
| --- | --- | --- |
| 第1天 | 国内出发地—雅典<br>游览：伯罗奔尼撒半岛的著名景点科林斯运河、迈锡尼遗址 | 路特奇 |
| 第2天 | 伯罗奔尼撒半岛<br>可游览埃皮达鲁斯万人古剧场、纳普良小镇，最后返回路特奇小镇泡泡天然温泉、去海边漫步 | 路特奇 |
| 第3天 | 雅典—奥林匹亚—帕特雷<br>前往奥林匹亚，探索古代奥林匹亚考古遗址、参观奥林匹亚考古博物馆，之后经壮观的里奥·安蒂里奥大桥前往帕特雷，当地有希腊最大的东正教教堂 | 帕特雷 |
| 第4天 | 帕特雷—德尔斐—卡拉巴卡小镇<br>游览古希腊世界的神谕圣地德尔斐，探索古遗迹和德尔斐考古博物馆，之后前往梅黛奥拉所在的卡拉巴卡小镇 | 卡拉巴卡小镇 |
| 第5天 | 游览梅黛奥拉，之后前往塞萨洛尼基，傍晚可以抵达 | 塞萨洛尼基 |
| 第6天 | 塞萨洛尼基<br>可前往哈尔基季半岛，乘游船，看海豚、远观阿索斯圣山，也可整日在市内参观白塔、伽里乌斯凯旋门与圆形陵墓、塞萨洛尼基考古博物馆；或在海滨长廊漫步，与亚历山大大帝雕塑合影；想感受希腊学术氛围的，还可以去希腊最高学府亚里士多德大学参观 | 塞萨洛尼基 |
| 第7天 | 塞萨洛尼基—圣托里尼岛<br>可去著名的蓝顶教堂前拍照、看壮观的火山悬崖海景 | 圣托里尼岛 |
| 第8天 | 圣托里尼岛<br>前往岛上最有特色的红沙滩、黑沙滩拍照，选一个酒庄，品酒、欣赏艺术品，对历史考古感兴趣的，别错过岛上的阿克罗蒂里考古遗址<br>傍晚在伊亚小镇散步、逛逛画廊、精品店，看爱琴海最美夕阳 | 圣托里尼岛 |
| 第9天 | 圣托里尼岛（如时间紧张，可缩减该日行程）<br>可选择乘船出海一天，也可继续在费拉的老港口乘缆车、骑驴，或去伊亚继续拍照 | 圣托里尼岛 |
| 第10天 | 圣托里尼岛—米科诺斯岛<br>下午抵达休整后，可前往岛中心霍拉的"小威尼斯港口"、风车阵、街道，漫步、看夕阳、拍照 | 米科诺斯岛 |
| 第11天 | 雅典<br>前往雅典市区入住、休整后，前往希腊国家考古博物馆参观，其他景点还有宪法广场、国家花园、哈德良拱门、宙斯神殿等 | 雅典 |
| 第12天 | 卫城（视时间，可增加卫城博物馆）<br>逛街：普拉卡一带的女人街、跳蚤市场、古市集遗址等<br>景点：国家考古博物馆、泛雅典娜体育场（现代第一届奥运会举办地） | 雅典 |
| 第13天 | 雅典—国内<br>最后一天可根据航班时间灵活安排，但要给退税、办行李托运留下充足的时间 | |

## 三、亲子家庭游

有条件，请一定带孩子去一趟希腊！因为希腊是西方文明的摇篮，是无数古希腊神话的故乡，是欧美学生游学的必到之地，这里有能激发想象力的神话古迹、能堆沙堡的海滩、孩子们看到就会欢呼的美食。希腊气候舒适、环境优美，小朋友们在希腊，会受到欢迎和优待，父母还能与当地人有更多交流的机会。

孩子，绝不是旅行的累赘，而是家庭出游的情感纽带。旅行时，一家人谈天说地，拥有一段在异域旅行的共同经历，是多么难得的美好！我们最珍惜的照片不是风景，而是风景中的一家人。

但一家人前往遥远的希腊，仍是一个不小的挑战，需要注意平衡——在多样体验和休息之间平衡，在探索自然、历史文化和亲子互动之间平衡，在舒适度和预算之间平衡。

同时，也要结合孩子的年龄、兴趣、体力、注意力等安排行程。比如带幼儿园的孩子、带青少年孩子，在行程安排上就大相径庭，处在青春期的孩子，更喜欢新奇的、激动人心的活动。

全家出动，前往语言不通、需频繁乘坐公共交通的国外，参加一价全包的旅游团反而是更好的旅行方式——让旅行社解决旅途中的琐碎事务，留出更多的时间悠闲地享受假期、高质量地陪伴孩子，是不是更好？但请注意：长时间乘车的传统旅游团完全不适合孩子。与志趣相投的家长和孩子，共同组团旅行，是更好的选择，但价格较高。

在度假村玩水的一家四口

克里特岛蓝旗海滩上的祖孙三人

在不影响孩子学业的前提下，避开暑假高峰是省钱的明智选择。

在海边，陪孩子堆沙堡的父母们

我设计了一个两周左右的亲子家庭游行程，满足了孩子们爱玩水的天性，把爱琴海最漂亮、最著名的三岛都纳入其中，同时平衡了休息和放松的时间，也包含磨炼意志的徒步和历史古迹的探索，可按孩子年龄大小、能力、兴趣的不同，进行调整。

| 行程日期 | 行程概要 | 住宿 |
| --- | --- | --- |
| 第 1 天 | 国内出发地—雅典<br>游览：伯罗奔尼撒半岛的著名景点科林斯运河、迈锡尼遗址 | 路特奇 |
| 第 2 天 | 伯罗奔尼撒半岛<br>游览：埃皮达鲁斯圣域、纳普良海滨小镇 | 路特奇 |
| 第 3 天 | 雅典（乘夜船）—克里特岛<br>可前往著名的果冻蓝巴洛斯海滩，让孩子在令人惊叹的海滩边、清澈的海水里玩耍；傍晚时分，前往哈尼亚老城闲逛 | 克里特岛 |
| 第 4 天 | 哈尼亚<br>可前往著名的粉红沙滩埃拉福尼西海滩玩耍，如果带着较大的孩子，也可一起徒步探索希腊最长的撒玛利亚大峡谷 | 克里特岛 |
| 第 5 天 | 哈尼亚—伊拉克利翁<br>途中可在风景如画的、有威尼斯风格的雷斯蒙老城区停留、休息 | 克里特岛 |
| 第 6 天 | 伊拉克利翁<br>参观克诺索斯王宫遗址、伊拉克利翁考古博物馆，之后漫步伊拉克利翁老城 | 克里特岛 |
| 第 7 天 | 伊拉克利翁（乘船）—圣托里尼岛<br>下午抵达，休整后，前往伊亚小镇散步，看爱琴海最美夕阳 | 圣托里尼岛 |
| 第 8 天 | 圣托里尼岛<br>可乘船出海一日，或去红沙滩、黑沙滩游泳，享受海滩休闲时光<br>如对历史感兴趣，可参观岛上的阿克罗蒂里考古遗址 | 圣托里尼岛 |
| 第 9 天 | 圣托里尼岛（乘船）—米科诺斯岛<br>下午抵达，休整后，可前往岛中心荷拉的小威尼斯港口、风车阵、街道，漫步、看夕阳 | 米科诺斯岛 |
| 第 10 天 | 米科诺斯岛<br>可先环小岛游一圈，再去天堂海滩游泳、放松 | 米科诺斯岛 |
| 第 11 天 | 米科诺斯岛（乘船）—雅典<br>前往雅典市区入住、休整后，先去参观希腊国家考古博物馆，之后再到宪法广场看卫兵换岗仪式，去国家花园里喂小动物，最后参观哈德良拱门、宙斯神殿等古遗迹 | 雅典 |
| 第 12 天 | 雅典<br>一早去看卫城（可视时间、兴趣增加卫城博物馆），带孩子们在泛雅典娜体育场里跑跑步、上领奖台拍张照，下午在普拉卡老城区闲逛跳蚤市场、古市集遗址、逛街、购物，采买希腊伴手礼 | 雅典 |
| 第 13 天 | 雅典—国内<br>最后一天可根据航班时间灵活安排，但要给退税、办行李托运留下充足的时间 | |

【亲子家庭游小窍门】

（1）旅行时带着孩子，家长需要有更高的警惕性，要确保孩子们一直知道要去哪里、遇到危险能向谁求助，尤其在海滩、游乐场这类容易迷失方向的地方。另外，不要用印有孩子姓名的物品，以防被坏人利用。

（2）如果带孩子暑假前往希腊，要注意当地阳光十分强烈，不适合走太远的路，而且海岛上的路很陡，常常有很多石头。另外，还要注意及时做好防晒和补水。

（3）如果孩子很小，上岛不要选择快船，因为快船颠簸，还要求孩子全程不离开座椅。孩子的抵抗力较弱，可能会遇到中暑、蚊虫叮咬、擦伤等，所以随身带个有常规药物、绷带的小急救箱会方便得多。

## 四、单身游

希腊虽然常常被描述为情侣的浪漫天堂，爱琴海又被广泛地误以为和爱情有关，但单身人士就放心吧！这个浪漫国度更适合单身人士——几乎全年灿烂的阳光、天生自来熟的希腊人、充满激情音乐的酒吧……都会让你得到忘我的体验，甚至在转角邂逅"对的人"也未可知。

所以，和闺蜜、兄弟大胆规划起来吧！无论是在雅典的楼顶露天电影院看场英文电影、在苏尼翁海岬对着落日喝点小酒，还是去米科诺斯岛的酒吧蹦迪、克里特岛的粉红海滩拾贝壳，都是对平日努力的自己的犒赏，是一场和自己的浪漫约会。

在卫城自拍的姐妹淘（厉强）

以下是我对于单身游希腊的小灵感，你可以根据自己的喜好、时间、预算，结合我之前关于如何安排行程的叙述，增加或略过一些目的地，灵活安排行程。请时刻谨记：安全第一。

我不推荐一个人独自前往希腊自由行（有人提供帮助的旅游团除外），因为——

一是无人帮忙拍照，难得一次的旅行就有遗憾（毕竟自拍能拍的视角有限，且手机、相机最好不要离身）；

二是毕竟远离家乡，如果没有很强的定力和语言能力，孤独感会倍增；

三是一个人危险系数更大。

所以，找朋友一起出行是更好的选择。

【单身游旅行灵感推荐】

★ **雅典**

在盖兹（Gazi）或普西里（Psiri）体验夜生活；在利卡维多斯山顶，品酒看日落，欣赏雅典夜景；在苏尼翁海岬，喝咖啡，欣赏夕阳下的波塞冬神庙古迹。

★ **塞萨洛尼基**

在亚里士多德广场喂鸽子；在海滨长廊漫步，乘马车、游船，喝咖啡；前往奥林匹斯山徒步、露营；在阿索斯圣山乘船喂海鸥、看海豚。

★ **圣托里尼岛**

在岛上的酒庄品红酒、欣赏艺术品，在伊亚逛画廊、购物；在黑沙海滩享受日光，在海浪声度过休闲时光；乘游艇出海，前往火山温泉游玩。

★ **米科诺斯岛**

白天在天堂海滩参加沙滩派对、跳舞，享受希腊式热情；傍晚在小镇散步，去小威尼斯港口一边用餐一边享受夕阳。

★ **克里特岛**

乘坐吉普车野外探险，徒步穿越撒玛利亚大峡谷，在哈尼亚海滩放松、骑马、看日落；尝试土耳其浴。

★ **莱斯沃斯岛**

寻找第一个女诗人萨福的踪迹，在海滩骑马、攀岩。

★ **扎金索斯岛**

在果冻蓝的海滩边玩水、骑马，乘船看海龟、浮潜。

【单身游安全小窍门】

（1）让家人知道你每天要去哪儿。

（2）无论男女，都要避免深夜独自行走。

（3）任何时候都不搭陌生人的便车。

（4）随时留意周围环境（注意安全出口、摄像头之类）。

（5）不接受任何陌生人的饮料，自己的饮料不要离开自己的视线。

（6）单身女士不要深夜独自出现在酒吧里，更不能喝醉。

（7）单身男士警惕隐藏着"酒托"诈骗的酒吧，不法分子会以请女士喝酒为名骗你消费价格高到离谱的东西，甚至还会有人身危险。

在北爱琴海上看海豚

在克里特岛徒步

# 第 9 辑
# 实用小贴士和禁忌事项

## 一、免费 App，帮你提前集合精彩

### 游览希腊（Visit Greece）

它是希腊官方旅游 App，提供各地景点、活动、历史文化、旅行提示等信息，是规划行程、了解旅行建议的绝佳资源。

### 猫途鹰（Tripadvisor）

可以说是国际版的大众点评，可先看评论，提前了解酒店、餐厅、景点等信息，也可以直接预订住宿和各种活动。

### 缤客（Booking）

以酒店预订为主，兼有活动、旅游等信息。

### 爱彼迎（Airbnb）

以民宿预订服务为主，也有关于当地的丰富信息，是预订酒店住宿之外的一个选择。

### 飞常准

可以提前了解航班信息、动态。

### Get your guide

专攻当地旅游活动的介绍、预订服务，如一日 3 岛游、游艇海上半日游等等。

马蜂窝

以旅游攻略为主，也可预订酒店，还有关于当地的景点、活动等信息，中文界面更易读。

注意：有些 App 只有苹果应用商店有，外语 App 最好结合翻译软件一起使用。

## 二、怎么准备衣服和姿势，才能拍出超凡脱俗的你？

虽然我不是穿搭和摄影达人，但因为工作的关系，远行到欧洲的次数比较多，在整理行装、拍照上踩了不少坑，也总结了不少心得，希望我总结的一些实用的旅行小贴士（女士为主），能为你的希腊之行助力加分！

### （一）聪明带衣服，让行李箱空一半

虽然要远到欧洲南端的希腊，但只要掌握搭配的基本规律，不用带太多衣服就能打造一个"旅游胶囊衣橱"，帮你轻松应对各种场合。

1. 选衣服的定理

下装不变，上装万变；

先选外套，再定内搭。

2. 选衣服的思路与搭配原则

（1）选衣服的思路

单品：选能穿多个季节、好打理（不怕皱）、能单穿也能叠穿（每件都有适应力）的单品。

外套：要保暖，也要自带氛围感。

（2）色彩搭配原则

大件同色系：黑、白、灰、咖、深蓝色为基调，方便每件单品都能轻松混搭。

小件亮色系：太阳镜、围巾、帽子、腰带等亮色配饰，能即刻提升气质。

天热时去希腊，这样带衣服——

"下装不变,上装万变"示例(朱萌)

上装:(吊带、碎花)连衣裙、(黑、白、灰色)短袖T恤、防晒外套等;

下装:舒适长裤(薄牛仔)、半身裙、工装短裤等。

天冷时去希腊,这样带衣服——

上装:(亮色或花纹)厚连衣裙、衬衫、(黑、白、灰色)打底毛衣、卫衣、厚外套(风衣、大衣);

下装:(可单穿、可搭配的加绒)打底黑紧身裤、百搭白长裤(厚牛仔)、半身裙。

3.带好穿、舒适,又百搭的鞋子

带适合长时间行走的舒适单鞋(皮质),能应对多种场合又上相的小皮靴(要柔软),与天气和活动相匹配的鞋(凉鞋、登山鞋等)。

以上只是提供一个思路,你可按自己的喜好、行程长短,灵活替换。

## (二)聪明拍照,告别一路剪刀手

我们都想在美景胜地,拍下让自己终生难忘的美照,但在外旅游时,却常常面对时间紧、任务重、镜头尴尬症等难题，拍出来的照片不尽如人意。

如果在风景如明信片般美丽的圣托里尼，还是只会傻傻地比个剪刀手，多么浪费呀！

其实，只要简单掌握几个"模特基础姿势"，就能轻松摆出动感十足的拍照姿势，瞬间上镜不土气。

*秘诀一：让脚舞起来*

一脚放在另一只脚的前面、侧身，让身体形成角度，而不是僵硬的直线；微微向后或向前倾斜身体，增添些许动感。记住，自然至关重要。

*秘诀二：让手弯起来*

手指微弯，放在发际、脸边、嘴角、腰上、口袋里，自然、流畅、优雅、不僵硬。

*秘诀三：让脸笑起来*

面对镜头前先想想那些能点亮你眼睛的开心事，找到介于"蒙娜丽莎的微笑"和傻笑之间的甜蜜微笑。

*秘诀四：让胸挺起来*

挺胸永远是对的，除非你想看到自己在照片中没气质。

*秘诀五：把配饰用起来*

手边一切配饰，如帽子、太阳镜、围巾都是能为照片增添个性的小道具。

**【拍照小窍门】**

（1）用手机拍照前，一定要先擦干净镜头。

（2）想拍出美照，拿镜头的手一定要稳（最好按快门后停2秒）！

（3）好好利用日出、日落时的光，从侧面照过来的暖暖的光，会和冷色调的天空形成很自然的对比。

### 三、一份出游打包备忘清单，避免丢三落四

开始兴奋地收拾行李啦！但我希望你先平复一下激动的心情，认真想想：一共住几个晚上？当地天气情况如何？行李箱的尺寸与重量限制？是否出席

正式场合？有没有特殊活动？哪些是刚需？哪些可替代？

另外，在打包行李之前，最好先把所有入箱的东西都摆出来，这样可以帮你一目了然地再次检查有无遗漏。先从最大件的物品开始放（卷衣服，而不是叠），再挑轻便的塞入缝隙，这样既能节省空间，又能让行李箱内部坚固。

天冷的时候去希腊，可把分量重的东西穿在身上！厚重的夹克、可爱的靴子，穿上它们，可以节约行李箱的空间。

摆出所有要打包的物品

清单基本涵盖一次旅行的方方面面了，但并不能代表每个人的需要，可根据自身的需要增减。我个人认为，收拾行李要尽量本着精简的原则——毕竟托运超重行李，收费很贵，再说也要留点空间，带点希腊的伴手礼！

| 类别 | 物品内容 | 完成打钩 |
| --- | --- | --- |
| 证件、钱卡类【极其重要】 | 有效期内的护照/签证 | ◎ |
| | 护照复印首页备用（或拍照留底） | ◎ |
| | 身份证复印首页备用（或拍照留底） | ◎ |
| | 银行卡/信用卡/借记卡（有VISA、Master标志） | ◎ |
| | 欧元现金（小面额） | ◎ |
| | 机票行程单、酒店确认单 | ◎ |
| | 当地电话卡（也可抵达后再买） | ◎ |
| | 驾照（翻译公证/国际驾照） | ◎ |
| | 出生证明/结婚证 | ◎ |
| 洗漱用品类 | 牙刷、牙膏/其他口腔清洁用品 | ◎ |
| | 洗脸巾/毛巾、梳子/刷子 | ◎ |
| | 剃须套装/电动剃须刀、剃须膏 | ◎ |
| | 洗发水、护发素、造型产品、沐浴液 | ◎ |
| | 洗面奶、卸妆水、化妆棉 | ◎ |
| | 隐形眼镜护理液 | ◎ |

| 类别 | 物品内容 | 完成打钩 |
|---|---|---|
| 护肤彩妆类 | 护肤水、精华、眼霜、面霜、面膜 | ◎ |
| | 隔离、妆前乳、粉底、粉饼、散粉 | ◎ |
| | 眼影、眼线笔、眉笔、腮红、润唇膏、口红 | ◎ |
| 常用药品类 | 三高慢性病日常用药 | ◎ |
| | 感冒药、清凉油、风油精 | ◎ |
| | 肠胃药、止泻药、便秘药 | ◎ |
| | 创可贴、云南白药 | ◎ |
| | 晕车晕船药、驱蚊药水 | ◎ |
| 旅行杂物类（随身带） | 湿巾/纸巾、女性卫生用品 | ◎ |
| | 水杯、茶叶、咖啡粉 | ◎ |
| | 眼罩、U形枕、耳机/耳塞、雨伞/雨衣 | ◎ |
| | 垃圾袋、指甲钳、随身小布包 | ◎ |
| | 纸、笔、本子（比手机记录更有感觉） | ◎ |
| | 其他外出时一定随身带的小物品 | ◎ |
| 数码产品类 | 笔记本电脑/Pad、充电器 | ◎ |
| | 手机、相机、备用电池、充电器 | ◎ |
| | 万能转换插头、充电宝 | ◎ |
| | 数据线、存储卡/移动硬盘 | ◎ |
| | 自拍杆/云台、镜头、三脚架 | ◎ |
| 衣物类【日常休闲】 | 睡衣、文胸/胸贴、内裤、袜子 | ◎ |
| | 拖鞋、凉鞋、单鞋、皮靴 | ◎ |
| | T恤、牛仔裤 | ◎ |
| | 半身裙、连衣裙、外套、夹克、衬衫 | ◎ |
| | 短裤/七分裤、长裤、保暖裤、打底裤 | ◎ |
| | 毛衣、卫衣 | ◎ |
| | 健身服、防晒衣 | ◎ |
| 衣物类【正式场合】 | 皮带、领带/领结、领带别针 | ◎ |
| | 商务衬衫、西服、西裤 | ◎ |
| | 皮鞋、高跟鞋 | ◎ |
| | 项链、戒指、耳饰、手表 | ◎ |
| | 礼服、披肩、手包 | ◎ |
| | 小礼物或其他出席正式场合必备的物品 | ◎ |
| 活动类 | 泳衣/泳裤、沙滩巾、罩衫、健身服 | ◎ |
| | 运动鞋/登山鞋 | ◎ |
| 防晒类 | 帽子、墨镜、防晒霜 | ◎ |

| 类别 | 物品内容 | 完成打钩 |
|---|---|---|
| 保暖类 | 围巾、手套、保暖衣 | ◎ |
| 刚需类 | 近视/老花眼镜、隐形眼镜、女性卫生用品 | ◎ |
| 照片类 | 丝巾、大耳环、小挎包、各类造型帽 | ◎ |
| 零食类 | 榨菜、小瓶辣椒酱、牛肉干、方便面 | ◎ |
| 备选<br>【不太重要】 | 路上看的书、玩的东西（如扑克牌） | ◎ |
| | 烧水壶、吹风机（希腊的高星级酒店一般都有） | ◎ |
| | 小熨斗、卷发棒、粘毛器、小风扇 | ◎ |
| | 一次性浴巾和被单、旅行睡袋、折叠衣架、马桶垫 | ◎ |

【通信小贴士】

　　首选：开通手机国际漫游，买个流量无限套餐包；次选：在机场买个希腊当地的电话卡，包含免费通话和流量。

【现金小贴士】

　　多换一点小额零钞总是对的。希腊人不太会主动开口索要小费（要了你也可以不给），但如果遇到好心司机帮你拿行李、贴心的餐厅服务员免费帮你开自带的酒水，给几欧，是对他们服务的肯定，也会让你们双方心情都很好。

## 四、写在最后：安全，永远排第一

　　希腊是欧洲相对安全的国家，但近几年因经济危机和难民潮的影响，小偷小摸时有发生，这会让你的希腊之行蒙上阴影。

　　我就曾亲身经历过一次惊魂扒窃。当时我背着单反相机、挎着单肩小包，在卫城脚下的普拉卡老城区闲晃，被一个吉卜赛女子盯上。她想从我背后扒包，好在我敏感地发觉了。我冲她大吼："你想干什么！"她却脸不红心不跳骂骂咧咧地走向对面的同伙。想想真是后怕，钱丢了还是小事，护照没了要补办证件，就会耽误计划好的行程，损失更大！

　　小偷除了在街头直接偷，还有其他常见谋财手段：

- 乘你在景点拍照时不备，偷盗无人看管的财物。
- 冒充警察，要求检查证件、皮夹等，趁机盗窃。
- 长途夜航班上，小偷趁大家夜里熟睡，装作拿自己的东西，顺手盗窃别人的包。
- 在酒店前台、餐馆等你容易分散注意力的场所，偷走桌上的手机、椅背上的衣服、背包甚至箱子等。
- 飞车抢夺行人贵重首饰、名牌包。
- 砸破游客租车的车窗，盗抢财物、行李。
- 在火车站、地铁站、景点等人多处，利用碰撞、泼水、扔一把硬币等方式，分散你的注意力后，再伺机抢盗。
- 热情和你打招呼、祝福你，再不由分说地送花、让你签名、给你绑手绳（有绳结，难打开），再向你讹诈5～10欧元不等。

应对方法：

- 多留意中国驻希腊大使馆官网的安全提醒。
- 一定不要带大额现金，多用零钱和信用卡，也不要把钱包放入身后口袋。
- 不要露富！不要在闹市戴贵重首饰、名牌手表，背名牌包。
- 热闹人多的地方，一定要随时留意手机、随身包（背前面）、相机、衣物等。
- 护照等重要证件，要提前备好复印件，现金、证件、手机分开放。
- 不向陌生人透露你的真实身份和联系方式。
- 在火车、地铁等公共交通工具上，不坐近门座位、不玩手机，进站、离站时格外小心。
- 驾车时，不要把财物放在显眼位置，或把手提包等放在副驾驶位置上。
- 每次出行，数好一共几件行李，一定要随时看好它们，不移开你的视线。
- 不要去太偏的地方，避免夜间独自外出。
- 在旅游景点，拒绝主动搭讪的人、不拿陌生人递的任何东西（花、手绳、签名板、鸽食等）。

切记：钱财乃身外物、生命更珍贵。如遇盗抢，不要过激反抗，立刻打电话 100 报警。

在希腊的任何地方，遇到紧急情况都可以拨打紧急求助号码 112。

最后，再奉上我一个压箱底的出行法则——时刻保持美好。

此话怎讲？所谓"出门即有碍，谁谓天地宽"，"在家千日好，出门一时难"，出门在外，什么状况都可能遇到，这时要做的就是让自己停一停、深呼吸，接受不能改变的，改变可以改变的，转换你的心情。

例如，当我们怕误机、误船，着急忙慌地赶时间时，往往紧跟着的就是坏脾气和不安全，你一定要及时意识到："我在慌什么呢？"慢下来，给自己一个微笑，再默念 3 遍"咒语"："我的时间绰绰有余！"你会惊喜地发现，当你不急不慌时，竟然还早到了！

尤其在浪漫的希腊人看来，没有什么是值得焦虑的。不要为小事出汗，而要把你的注意力都留给美好的东西，比如，黄昏的漫天晚霞、阳台上恣意开放的玫瑰、古迹中安睡的小橘猫、在希腊热烈阳光下长得肥肥的多肉植物……

一次旅行，就是一段经历，只有不乱阵脚，才能从容应对旅途中的各种挑战，愿你拥有一段平安又精彩的"希腊人生"！

# 附录

## 古希腊与古罗马诸神对照表

| 名称与职能 | 希腊名 | 罗马名 |
|---|---|---|
| 天神（主司神界、天空与人间） | 宙斯（Zeus） | 朱庇特（Jupiter） |
| 天后（主司女性、婚姻、生育） | 赫拉（Hera） | 朱诺（Juno） |
| 智慧之神（主司智慧、正义） | 雅典娜（Athena） | 密涅瓦（Minerva） |
| 太阳之神（主司太阳、光明、音乐、艺术） | 阿波罗（Apollo） | 阿波罗（Apollo） |
| 月亮女神（主司月亮、狩猎、动物） | 阿尔忒弥斯（Artemis） | 狄安娜（Diana） |
| 火神（主司锻造、工匠） | 赫淮斯托斯（Hephaestus） | 武尔坎努斯（Vulcanus） |
| 战神（主司战争） | 阿瑞斯（Ares） | 马尔斯（Mars） |
| 爱与美之神（主司爱、欲、美、多产） | 阿芙洛狄忒（Aphrodite） | 维纳斯（Venus） |
| 神使（主司商贸、旅行、交通、邮政） | 赫尔墨斯（Hermes） | 墨丘利（Mercury） |
| 农业女神（主司农业、丰收） | 得墨忒尔（Demeter） | 西瑞斯（Ceres） |
| 酒神（主司丰收、狂欢） | 狄俄尼索斯（Dionysus） | 巴克斯（Bacchus） |
| 海神（主司大海、河流） | 波塞冬（Poseidon） | 涅普顿（Neptune） |
| 冥王（主司冥府） | 哈迪斯（Hades） | 普鲁托（Pluto） |
| 灶神（主司厨房） | 赫斯提亚（Hestia） | 维斯塔（Vesta） |